HEILUNG TOXISCHER BEZIEHUNGEN

Wie man Paarkonflikte überwindet, indem man
Angst, Unsicherheit, Eifersucht und Eigensinn
in der Liebe beseitigt

MEGAN LINSEY

ISBN: 978-3-98935-572-9
Lucid Page Media (ein Imprint der Orbita Media GmbH)
Ericusspitze 4
20457 Hamburg
Deutschland
kontakt@lucidpagemedia.de

INHALTSVERZEICHNIS

EINFÜHRUNG 8

TOXISCHE BEZIEHUNGEN: WAS SIE SIND UND WIE
MAN SIE ERKENNT 11

Ihr Partner lästert über Sie 11

Ihr Partner ist oft schlecht gelaunt... 12

Sie haben immer ein schlechtes Gewissen................................ 12

Wenn Sie versuchen, über das zu sprechen, was Ihnen weh tut, fühlen Sie sich
hinterher noch schlechter.. 12

Es ist Ihre Aufgabe, alle Entscheidungen zu treffen 13

Ihr Partner zeigt übermäßige Selbstständigkeit........................ 13

Ihr Partner stiehlt Ihnen Ihre ganze Energie und Zeit und gibt Ihnen nichts
zurück.. 14

Ihr Partner ist übermäßig eifersüchtig und besitzergreifend 14

Ihr Partner unterstützt Sie nicht... 15

Kommunikation mit dem Partner ist destruktiv 15

Mangelnde Ehrlichkeit und Aufrichtigkeit des Paares 15

Sie kümmern sich nicht mehr um sich selbst 16

Sie leben in der Angst, Ihren Partner zu verärgern 16

Sie empfinden ein tiefes Gefühl der Einsamkeit und Traurigkeit 16

Ihr Partner missbraucht Sie seelisch oder körperlich................ 17

Sie sind neidisch auf glückliche Beziehungen......................... 17

HEILUNG TOXISCHER BEZIEHUNGEN 19

Vermeiden Sie es, in der Vergangenheit zu schwelgen 20

Zeigen Sie eine positive Einstellung 21

Hören Sie auf, Ihrem Partner die ganze Schuld zuzuschieben 21

Versetzen Sie sich in die Lage Ihres Partners 21

Niemals aufhören zu kommunizieren 22

ÄNGSTE IN BEZIEHUNGEN 23

ERKENNEN UND ÜBERWINDEN VON ÄNGSTEN 28

Hören Sie auf Ihren Partner 29

Keine Schuldzuweisung an den Partner 30

Verbringen Sie mehr Zeit mit Ihrem Partner 31

ÜBUNGEN ZUR BEKÄMPFUNG DER ANGST 32

Übung zur Verwurzelung 32

Übung zur Visualisierung 34

UNSICHERHEIT 36

Befriedigen Sie immer Ihre Bedürfnisse 36

Die Polaritäten im Paar wieder ins Gleichgewicht bringen 37

Verhalten Sie sich wie zu Beginn der Beziehung 38

Erkennen Sie Ihren eigenen Wert 39

Stärken Sie Ihr Selbstwertgefühl................ 39

Bewahren Sie Ihre Unabhängigkeit 40

Die innere Stimme zum Schweigen bringen 41

EIFERSUCHT 43

Die sechs Merkmale der ungesunden Eifersucht 46

Tipps für eine gesunde Beziehung 47
Stellen Sie sich selbst infrage 47
Offen für den Dialog bleiben...48
Gefühle des Vertrauens aufbauen...48
Bringen Sie Ihre Gedanken zu Papier 49
Die Vergangenheit loswerden 50
Verbringen Sie Zeit mit dem, was Ihnen Spaß macht...51

EMOTIONALE ABHÄNGIGKEIT 52

LERNEN, KONFLIKTE ZU BEWÄLTIGEN 56

Mit Konflikten umgehen, statt sie zu meiden 57

Vereinbaren Sie einen Termin...57

Vermeiden Sie Anschuldigungen und beleidigende Kommentare 58

Zuhören, um den Standpunkt des anderen zu verstehen...59

Schließen Sie immer Frieden, bevor Sie schlafen gehen 60

Sprechen Sie immer in der ersten Person...62

Tun Sie so, als wären Sie Ihr Partner 63

Dankbarkeit zeigen 64

WENN KONFLIKTE DEN FINANZIELLEN BEREICH BETREFFEN 66

Gemeinsam Prioritäten festlegen...66

Ein gemeinsames Konto einrichten 67

Einrichtung eines Fonds für Reisen und Freizeit 67

DIE SIEBEN FEHLER, DIE JEDE BEZIEHUNG ZERSTÖREN 69

Sturheit 69

Untreue 70

Mangel an Aufmerksamkeit und Zärtlichkeit 71

Vergleiche anstellen...71

Zu viel Zeit mit sozialen Medien verbringen 72

Sich mit den Fehlern der Vergangenheit befassen 73

Kontrolle des Partners 73

WIE MAN KONFLIKTE VERMEIDEN UND DIE BEZIEHUNG INTIMER GESTALTEN KANN 74

Den Partner kennen... 74

Einander vertrauen 76

Steigerung der Intimität 76

Beziehen Sie Ihren Partner in Ihr Leben ein.................................... 77

Gemeinsam etwas planen 78

Liebe mit Gesten und Worten manifestieren.................................... 78

WIE MAN DIE PAARBEZIEHUNG MIT HYPNOSE VERBESSERN KANN..79

Ergebnisse, die dank Hypnose erzielt werden können 81

SICH SELBST VERBESSERN, UM DIE BEZIEHUNG ZU VERBESSERN 83

Beobachten Sie, was Sie fühlen 84

Beobachten Sie Ihre Gedanken mit Losgelöstheit 85

Beruhigen Sie Ihre Emotionen 85

Klar und deutlich kommunizieren, das Pronomen "ich" verwenden 86

Konzentrieren Sie sich auf das, was Sie mit Ihrem Partner verbindet 86

SCHLUSSFOLGERUNG 88

EINFÜHRUNG

Alle Beziehungen sind durch Höhen und Tiefen gekennzeichnet. Es gibt Zeiten, in denen alles gut läuft, und es gibt Zeiten, in denen man nervös oder verärgert ist - das ist völlig normal. Es können Meinungsverschiedenheiten über die Wahl des Restaurants oder des Ortes, an dem man die Ferien verbringt, über die Erziehung der Kinder oder über die zu tätigenden Investitionen sein.

Gesunde Paare diskutieren liebevoll und konstruktiv.

Sie beleidigen sich nicht gegenseitig, sie nehmen nicht Anstoß daran und sie verletzen sich nicht. Jede Diskussion ist ein Moment der Begegnung, eine Gelegenheit, den anderen besser kennenzulernen und eine Lösung zu finden, die die Beziehung verbessert und alle zufriedener macht.

Wenn jedoch Diskussionen zu einem Mittel werden, um sich zu verletzen, und Streit zum üblichen Kommunikationsstil wird, ist dies ein Zeichen dafür, dass etwas in der Beziehung nicht stimmt, und es ist notwendig, sofort zu handeln.

Wenn Ihre Beziehung Sie unglücklich macht, Ihnen Angst macht und Sie sich körperlich und energetisch schwach fühlen, handelt es sich zweifellos um eine toxische Beziehung.

Toxische Beziehungen sind gekennzeichnet durch ständige Konflikte, schlechte Kommunikation und ausweichendes Verhalten eines der Partner, was den anderen dazu zwingt, körperliche und verbale Gewalt zu ertragen, um ein friedliches Leben zu führen und die Beziehung aufrechtzuerhalten.

Manchmal ist eine Beziehung einfach deshalb toxisch, weil beide Partner starke Persönlichkeiten sind und dazu neigen, sich zu übertreffen, oder weil sie zu unterschiedlich sind und keine gemeinsamen Lösungen für alltägliche Probleme finden können. Was auch immer der Grund ist, der ein Paar dazu bringt, eine Beziehung aufzubauen, die auf Kontrolle und Unterwerfung beruht, die Auswirkungen einer toxischen Beziehung sind immer dieselben: Unglücklichsein, Verlust des Selbstwertgefühls, ein Gefühl der Leere und des Verlustes, Angst und Groll.

Es gibt viele Ursachen, die eine Beziehung toxisch machen können: Die erste davon ist Angst. Ängste können jede Beziehung erschweren und zerstören.

Wer unter Angst leidet, erlebt zwischenmenschliche Beziehungen auf schmerzhafte Weise, bemüht sich, alles unter Kontrolle zu halten, und ist oft das Opfer unmotivierter Ängste, die durch imaginäre Katastrophenszenarien hervorgerufen werden, von denen er glaubt, sie würden sich bald bewahrheiten.

Neben der Angst machen auch Eifersucht und emotionale Abhängigkeit Liebesbeziehungen instabil und toxisch. Wenn die Beziehung, in der Sie leben, von ständigen Eifersuchtsausbrüchen, Kontrollversuchen und dem Bedürfnis nach Liebe geprägt ist, handelt es sich nicht um eine gesunde Beziehung, welche unweigerlich zu Ende gehen wird.

Toxische Beziehungen können jedoch geheilt werden, vorausgesetzt, beide Partner sind bereit, ihre persönlichen Probleme zu lösen, die Traumata der Vergangenheit loszulassen und gemeinsam einen neuen Lebensweg zu beschreiten, der auf Austausch, konstruktivem Dialog, gegenseitigem Vertrauen und Respekt beruht.

Um die Veränderung einzuleiten, muss man sich der unbewussten Mechanismen bewusst werden, die der offensichtlichen Unvereinbarkeit des Paares zugrunde liegen, ihre Auswirkungen erkennen und beschließen, sie zu ändern, um die scheinbar unüberwindlichen Hindernisse in Fortschritte auf dem Weg zu einer glücklichen, zufriedenen und dauerhaften Paarbeziehung zu verwandeln. Dieses Selbsthilfehandbuch gibt Ihnen die Werkzeuge an die Hand, die Sie brauchen, um jede Einstellung, der eine Liebesbeziehung belasten kann, zu erkennen, zu verstehen und aufzulösen.

Ich zeige Ihnen die wirksamsten Strategien zur Verbesserung der Beziehung zum Partner und zur Bewältigung von Konflikten, die in der Paarbeziehung auftreten können. Machen Sie sich also bereit für Veränderungen und ein neues Leben mit dem Menschen, den Sie lieben.

TOXISCHE BEZIEHUNGEN: WAS SIE SIND UND WIE MAN SIE ERKENNT

Eine Beziehung ist toxisch, wenn sie Unzufriedenheit und Schmerz hervorruft.

Diejenigen, die in einer toxischen Beziehung leben, leiden unter dem Verhalten des Partners, der auf offensichtliche oder hinterhältige Weise versucht, die totale Kontrolle über die Beziehung zu übernehmen. Der dominante Partner zwingt den unterwürfigen Partner durch Drohungen, Schuldgefühle und Worte der Verachtung dazu, in einem unterwürfigen Zustand zu leben. Toxische Beziehungen sind in der Tat durch einen absoluten Mangel an Respekt und Vertrauen gegenüber dem Partner gekennzeichnet. Woher wissen Sie, ob Sie sich in einer toxischen Beziehung befinden oder ob Ihr Leiden nur auf charakterliche Unterschiede zurückzuführen ist? Hier sind einige offensichtliche Anzeichen, an denen Sie zweifelsfrei erkennen können, ob es sich um eine toxische Beziehung handelt und ob es notwendig ist, sie zu heilen.

Ihr Partner lästert über Sie

Hat Ihr Partner die Angewohnheit, sich über Sie lustig zu machen, auch in der Öffentlichkeit, und Sie wegen Ihrer Meinung oder Ihres Verhaltens herabzusetzen? Ist ihm jede Ausrede recht, damit Sie sich minderwertig und unfähig fühlen?

Dies ist zweifellos ein toxisches Verhalten, typisch für diejenigen, die versuchen, andere durch Tadel und Vorwürfe zu kontrollieren.

Ihr Partner ist oft schlecht gelaunt

Ein toxischer Partner ist fast immer schlecht gelaunt. Sie sind empfindlich und jähzornig; es braucht nicht viel, um sie in Rage zu versetzen.

Nach dem Streit neigen sie dazu, sich in Schweigen zu hüllen und Ihre Anwesenheit zu ignorieren, bis Sie nachgeben und akzeptieren, dass Sie im Unrecht waren.

Sie haben immer ein schlechtes Gewissen

Wann immer Sie etwas tun, was Ihrem Partner nicht gefällt, fühlen Sie sich schuldig und haben den Wunsch, etwas dagegen zu tun? Dann sind Sie das Opfer der Manipulation eines toxischen Partners, der Ihre Hingabe und Sensibilität ausnutzt, um Sie davon zu überzeugen, sich seinem Willen zu fügen.

Wenn Sie versuchen, über das zu sprechen, was Ihnen weh tut, fühlen Sie sich hinterher noch schlechter

In toxischen Beziehungen ist es unmöglich, sein Unbehagen und seine Befindlichkeit frei zu äußern. Der Partner betrachtet Ihre Enttäuschung als einen Angriff auf seine Person und reagiert mit Schweigen oder Wut.

Anstatt Trost und Zuspruch für Ihr Unwohlsein zu bekommen, müssen Sie sich also um Ihren Partner kümmern und ihn zur Ruhe bringen.

Es ist Ihre Aufgabe, alle Entscheidungen zu treffen

Selbst Verantwortungslosigkeit kann, wenn sie in der Absicht geschieht, den Partner zu manipulieren, zu einem Grund für Unbehagen für diejenigen werden, die gezwungen sind, sich um alles zu kümmern und alle Entscheidungen zu treffen. Bei der Delegation von Entscheidungen wird nicht nur die Entscheidung selbst delegiert, sondern auch die Verantwortung, die richtige Wahl zu treffen.

Die Müdigkeit, immer an alles denken zu müssen und die Wünsche des Partners zu interpretieren, kann zu Stress und körperlicher und geistiger Erschöpfung führen.

Ihr Partner zeigt übermäßige Selbstständigkeit

Ein unabhängiger Partner akzeptiert nicht, durch eine Beziehung eingeschränkt zu werden. Er handelt und denkt wie ein Einzelner: Er ruft an, wenn ihm danach ist, kommt zu spät zu Verabredungen, ohne sich zu melden. Der eigentliche Zweck dieses Verhaltens ist es, Sie in einem ständigen Zustand der Angst und Unsicherheit zu halten, um Sie für jede seiner Anfragen verfügbar zu machen, in der zuversichtlichen Hoffnung, dass Ihre Bemühungen ihn zu einem größeren Engagement bewegen werden.

Ihr Partner stiehlt Ihnen Ihre ganze Energie und Zeit und gibt Ihnen nichts zurück

In toxischen Beziehungen gibt es immer einen Partner, der ohne Vorbehalt gibt, und einen, der ohne Maß nimmt.

Wenn Sie eine romantische Beziehung mit einem Partner führen, der von Ihnen erwartet, dass Sie alles für ihn tun, ihm jede Laune erfüllen und sich um ihn kümmern, leben Sie in einem ständigen Zustand der Unruhe. Sie haben immer Angst, Ihren Partner zu enttäuschen, der Ihnen insgeheim zu verstehen gibt, dass er nicht glücklich ist, wenn Sie seine Bedürfnisse nicht erfüllen.

Ihr Partner ist übermäßig eifersüchtig und besitzergreifend

Ein eifersüchtiger und besitzergreifender Partner erlaubt Ihnen nicht, Interessen und Zuneigung außerhalb der Beziehung zu haben. Er hindert Sie daran, Zeit mit Freunden und Familie zu verbringen, überwacht jeden Schritt, jede Augenbewegung und jedes Telefonat. Er will immer alles wissen, was Sie tun, was Sie sagen und mit welchen Leuten Sie zusammen sind. Er gibt vor, Ihr Leben zu kontrollieren: die Art, wie Sie sich kleiden, die Art, wie Sie sprechen, und die Entscheidungen, die Sie treffen. Er unterzieht Sie langen Verhören, wenn Sie zu spät von der Arbeit kommen, und zwingt Sie zu immerwährenden und schmerzhaften Eifersuchtsausbrüchen, selbst wenn ein Passant Sie auf der Straße anhält, um nach Informationen zu fragen.

Ihr Partner unterstützt Sie nicht

Gesunde Beziehungen beruhen auf gegenseitiger Unterstützung und Hilfe. Die Partner unterstützen sich gegenseitig, und sie feuern sich gegenseitig an. In toxischen Beziehungen fühlen Sie sich dagegen ständig allein. Der Partner ist oft neidisch auf Ihren Erfolg und konkurriert ständig mit Ihnen.

Kommunikation mit dem Partner ist destruktiv

In toxischen Beziehungen besteht die Tendenz, den Partner mit beleidigenden Worten und sarkastischen Witzen zu verletzen. Jede Gelegenheit ist gut, um den Partner herabzusetzen und ihm die Schuld für alle seine Unzulänglichkeiten zu geben. Es ist fast unmöglich, einen friedlichen und konstruktiven Dialog zu führen. Wenn Sie sich nicht streiten, schweigen sie und denken über Ihre Fehler nach und warten auf den richtigen Moment, um die Diskussion wieder aufzunehmen.

Mangelnde Ehrlichkeit und Aufrichtigkeit des Paares

Manchmal kann es vorkommen, dass man aus Angst lügen muss, um den Partner nicht unnötig zu beunruhigen, aber wenn Lügen zur Gewohnheit werden, stimmt etwas in der Beziehung nicht. Lügen werden vom Unterbewusstsein deutlich wahrgenommen und gefährden die Beziehung, indem sie Spannungen und Unsicherheiten erzeugen.

Sie kümmern sich nicht mehr um sich selbst

Wenn Sie sich in einer toxischen Beziehung befinden, verlieren Sie allmählich das Interesse daran, sich um sich selbst und Ihr Glück zu kümmern. Sie verbringen Ihre Zeit damit, Ihren Partner zu verwöhnen, und vergessen dabei, auch Ihre eigenen Bedürfnisse zu befriedigen und zu verwöhnen. Dies führt Sie langsam in einen Zustand der emotionalen Apathie, der Sie daran hindert, Freude und Begeisterung im Leben zu empfinden.

Sie leben in der Angst, Ihren Partner zu verärgern

Wenn die Beziehung zu Ihrem Partner Ihnen keine Sicherheit gibt, wenn Sie um Ihre körperliche Unversehrtheit fürchten oder verbalen Übergriffen ausgesetzt sind, leben Sie in der Angst, dass Ihr Partner jeden Moment in Wut geraten und Ihre körperliche und geistige Gesundheit gefährden könnte. Sie bewegen sich in der Beziehung auf Zehenspitzen und versuchen zu vermeiden, etwas zu tun, dass das prekäre emotionale Gleichgewicht des Paares gefährden könnte.

Sie empfinden ein tiefes Gefühl der Einsamkeit und Traurigkeit

Toxische Beziehungen rauben alle Energie und lassen die Betroffenen ohne Kraft und Lebensfreude zurück. Einsamkeit und ein Gefühl der Angst führen oft zum Gebrauch von Suchtmitteln wie Essen, Alkohol oder Drogen.

Diejenigen, die unter einer toxischen Beziehung leiden, schaffen es nämlich kaum, die Beziehung zu unterbrechen, aus Angst vor der Einsamkeit oder den Reaktionen des Partners, und suchen auf jede Weise nach einem Mittel, um die emotionale Leere zu füllen und ihren Zustand zu ertragen.

Ihr Partner missbraucht Sie seelisch oder körperlich

Unter Missbrauch verstehen wir jedes Verhalten oder jede Einstellung, die geeignet ist, einer anderen Person körperlichen oder moralischen Schaden zuzufügen. Körperliche Misshandlung äußert sich in gewalttätigen und aggressiven Handlungen; die verbale Misshandlung äußert sich in beleidigenden Worten, Schreien und Beleidigungen; die psychische Misshandlung hingegen zielt darauf ab, den Partner herabzusetzen und sein Selbstwertgefühl und sein inneres Vertrauen zu zerstören.

Es gibt noch eine andere Form des Missbrauchs, die subtil, verschleiert und fast unmerklich ausgeübt wird. Es handelt sich um die Art von manipulativer Gewalt, die von Personen mit narzisstischen Persönlichkeiten ausgeübt wird und die langsam die Wahrnehmung des Partners von sich selbst und seinem Wert zerstört, sodass er die Anerkennung und Aufmerksamkeit des Täters braucht.

Sie sind neidisch auf glückliche Beziehungen

Eine der Alarmglocken, die Ihnen zu verstehen geben sollten dass Sie sich mit Ihrem Partner nicht wohlfühlen, ist der Neid auf andere Paare. Wenn Sie einen Hauch von Neid auf Freunde oder Bekannte verspüren, die zusammen lächeln und sich scheinbar gut verstehen, sollten Sie sich über Ihre Beziehung Gedanken machen und überlegen, ob es angebracht ist, sie zu unterbrechen oder zu versuchen, sie zu verbessern.

HEILUNG TOXISCHER BEZIEHUNGEN

In den meisten Fällen können toxische Beziehungen geheilt werden, es sei denn, ein Partner missbraucht den anderen körperlich und gefährdet ständig seine Gesundheit sowie sein körperliches und geistiges Wohlbefinden.

Wenn Sie Ihren Partner lieben und eine Beendigung der Beziehung nicht in Betracht ziehen wollen, können Sie nur einen individuell geführten Weg der Veränderung einschlagen, der Ihnen hilft, die Aspekte in Ihnen zu beleuchten, die Sie dazu bringen, eine Beziehung zu akzeptieren, die Sie unglücklich macht und leiden lässt. Die individuelle Hilfe wird es Ihnen ermöglichen, sich von den emotionalen Belastungen der Vergangenheit zu befreien, die Sie dazu drängen, missbraucht zu werden, Kompromisse einzugehen und in einer Beziehung zu bleiben, die nicht zu Ihnen zu passen scheint.

Sobald Sie die emotionalen Ursachen, die Sie zu der Art von Beziehung geführt haben, die Sie gerade erleben, erkannt und gelöst haben, haben Sie die Möglichkeit, die Kontrolle über die Situation zu übernehmen und zu entscheiden, ob Sie sie aufgeben wollen:

a. Den Partner wechseln.

b. Mehr Verständnis für Ihren Partner aufbringen und die Art und Weise ändern, wie Sie auf ihn reagieren und sich ihm gegenüber verhalten.

c. Veränderung der Beziehung, indem der Partner aufgefordert wird, einen therapeutischen Weg als Paar einzuschlagen, um zu versuchen, die Qualität der Kommunikation zu verbessern.

Eine Beziehung wird nicht durch das Verhalten eines der beiden Partner toxisch, sondern durch das Verhalten beider. Obwohl der missbrauchende Partner in der Regel nur einer ist, liegt die Verantwortung für die Toxizität der Beziehung beim anderen Partner, aufgrund seiner emotionalen Wunden der Verlassenheit, Unsicherheit und Zerbrechlichkeit, die in gewisser Weise durch das Verhalten des missbrauchenden Partners "aktiviert" werden, der wiederum durch das Verhalten des unterwürfigen Partners stimuliert wird.

Unabhängig davon, ob Sie und Ihr Partner sich für eine Paartherapie entscheiden oder ob Sie versuchen, Ihre Kommunikationsschwierigkeiten allein zu lösen, können einige Strategien dazu beitragen, Ihre Beziehung deutlich zu verbessern.

Vermeiden Sie es, in der Vergangenheit zu schwelgen

Das Festhalten an vergangenen Fehlern erzeugt Groll und führt zu endlosen Vorwürfen und gegenseitigen Beschuldigungen. Jede gute Tat des Partners wird durch die Erinnerung an vergangene Handlungen untergraben, und dies verhindert den Aufbau neuer Verhaltensmuster und neuer Beziehungsmodelle.

Zeigen Sie eine positive Einstellung

Während eines Streits ist es am besten, das Ende der Beziehung nicht vorauszusagen oder damit zu drohen. Viel hilfreicher ist es, das eigentliche Wesen des Konflikts zu erkennen und zu versuchen, ihn zu lösen. Zu zeigen, dass Sie die Meinung Ihres Partners berücksichtigen, kann eine nützliche Strategie sein, um friedlich und konstruktiv zu diskutieren.

Hören Sie auf, Ihrem Partner die ganze Schuld zuzuschieben

Sich gegenseitig zu beschuldigen ist kein konstruktives Vorgehen. Es führt nicht zur Lösung von Problemen, sondern zu deren Vergrößerung. Der Versuch, den eigenen Anteil an der Verantwortung für einen Streit zu erkennen, ermöglicht es jedoch, schnell eine Lösung zu finden und den Grad der Intimität in der Beziehung zu erhöhen.

Versetzen Sie sich in die Lage Ihres Partners

Der Versuch, sich in die Lage des Partners zu versetzen, bevor man ein Urteil fällt, kann die eigene Sicht der Dinge radikal verändern.

Wenn der Partner auf eine bestimmte Art und Weise gehandelt hat, hat ihn etwas dazu veranlasst.

Der Versuch, die Beweggründe für das Verhalten des Partners zu ergründen, kann das Vertrauen und das Verständnis innerhalb des Paares erhöhen.

Niemals aufhören zu kommunizieren

Viele Paare hören während eines Streits oder wenn sie über etwas verärgert sind, auf zu kommunizieren.

Anstatt zu erwarten, dass der Partner hellseherische Fähigkeiten entwickelt und lernt, Gedanken zu lesen, ist es viel einfacher und schneller, offen und ohne Groll zu sagen, was die Beziehung belastet und das Gleichgewicht gefährdet.

Viele verliebte Paare geben ihre Beziehung aus Stolz oder wegen ihrer Kommunikationsschwierigkeiten auf.

Wenn Sie etwas stört oder verletzt, sprechen Sie es ehrlich und vertrauensvoll mit Ihrem Partner an.

Angst ist ein natürliches Gefühl. Wir alle werden ängstlich, wenn wir negative Ereignisse wahrnehmen, die in unserem Leben eintreten werden, wie etwa ein Beziehungsproblem oder ein beruflicher Misserfolg.

Die Erwartungsangst spielt eine grundlegende Rolle in unserem Leben, denn sie ermöglicht es uns, die richtigen Entscheidungen zu treffen, um Gefahren und schwierige Situationen zu vermeiden, die in der Zukunft auftreten könnten. Wenn die Angst jedoch zu einer gewohnheitsmäßigen Emotion wird, kann sie ungesund werden und jeden Aspekt unseres Lebens stark beeinträchtigen, vor allem im affektiven Beziehungsbereich.

Wenn Ihr Partner ständig besorgt ist, zögert und Vermeidungsverhalten zeigt, liegt wahrscheinlich eine Angststörung vor. In einem vom National Institute of Health veröffentlichten Artikel wurde festgestellt, dass Männer häufiger an Angststörungen leiden als Frauen.

Wenn Sie mit jemandem zusammen sind, der unter Beziehungsangst leidet, oder in einer Beziehung mit dieser Person leben, wissen Sie wahrscheinlich bereits, wie schwierig es sein kann, mit Ängsten umzugehen. Trotz der Schwierigkeiten und der Momente, in denen ängstliche Verhaltensweisen die Beziehung belasten können, lässt sich die Angst überwinden. Der erste Schritt besteht darin, die

Angststörung zu erkennen und zu akzeptieren und ihre Ursachen und verschiedenen Symptome zu verstehen.

Hier sind einige Dinge, die Sie über Ängste wissen sollten:

- Angstgefühle sind normal.

  Sie werden zum Problem, wenn sie die Beziehung zu überfordern drohen.

- Die Auswirkungen von Beziehungsangst können Sie daran hindern, Ihre Beziehung auf eine tiefe und sinnvolle Weise zu erleben.

- Angst ist nicht unbedingt ein zerstörerisches Gefühl, aber sie kann das Leben als Paar schwierig und oft unglücklich machen.

- Die Symptome der Angst können über lange Zeiträume hinweg abklingen und dann zu bestimmten Zeiten und plötzlich wieder auftreten.

  Sie können wochen- oder monatelang andauern oder nur gelegentlich auftreten.

- Ängste haben nichts Rationales oder Logisches an sich. Menschen, die unter Angstzuständen leiden, haben Angst vor Dingen, die nicht existieren, und haben Zweifel und Sorgen über Dinge, die vielleicht nie eintreten werden.

  Es hat keinen Sinn, Ihrem Partner zu sagen, er solle sich keine Sorgen machen und vertrauen, denn das wird ihn wahrscheinlich noch mehr beunruhigen.

- Angst ist nicht gleichbedeutend mit Schwäche. Im Gegenteil, mit Ängsten zu leben und zu versuchen, eine ruhige Haltung einzunehmen, erfordert großen Mut und große innere Stärke. Es ist nicht leicht, dem Leben zu vertrauen, wenn die Menschen, die Ihnen als Kind hätten helfen sollen, Sie im Stich gelassen haben und Ihnen das Gefühl gaben, ständig in Gefahr zu sein.

Wer unter Angstzuständen leidet, macht sich ständig Sorgen um seine Beziehung, fürchtet sich vor Dingen, die schief gehen könnten, und vor solchen, die ohnehin schon schwer zu bewältigen sind.

Hier sind einige der Gedanken, die Ihnen oder Ihrem Partner durch den Kopf gehen könnten:

- Ich bin immer derjenige, der sich um seine/ihre Bedürfnisse kümmert.

- Wenn ich eine Nachricht verschicke, bekomme ich nie sofort eine Antwort.

- Die meisten Menschen sind besser als ich.

- Eine andere Person hat vielleicht mehr zu bieten als ich.

- Ich habe das Gefühl, dass er/sie etwas vor mir verheimlicht.

- Ich spüre, dass er/sie lügt, wenn er/sie sagt, dass er/sie mich liebt.

- Sicherlich denkt er/sie daran, mich zu betrügen.

- Er/sie hat nicht die gleichen Gefühle wie ich.

- Ich fühle mich ständig ängstlich.

Die Angst vor der Angst verleitet die Betroffenen nämlich dazu, in ihrem Kopf katastrophale Szenarien zu entwerfen, in denen die Beziehung aufgrund von Verlassenheit und Betrug zerbricht. Um Leid zu vermeiden, wird eine ganze Reihe unbewusster Mechanismen ausgelöst, die den Partner schließlich dazu bringen, sich zu entfernen und die Beziehung zu beenden.

Angst ist ein oft unkontrollierbares Gefühl, das jede Beziehung belasten kann.

Missverständnisse, Zweifel, Irrglauben sind nur einige der Folgen, die durch Angst hervorgerufen werden. Die Angst führt nämlich dazu, dass wir misstrauisch sind, dass wir überall Täuschungen und Unzulänglichkeiten sehen.

Wer unter Ängsten leidet, lebt in ständiger Angst, verlassen zu werden, wenig Liebe zu erhalten und dem Partner nicht gewachsen zu sein; er neigt dazu, sich zu isolieren und zeigt Abneigung gegen jede Form des Dialogs. Diese scheinbare Kälte ist jedoch nichts anderes als ein Hilferuf: der verzweifelte Wunsch, beim Partner Trost und Sicherheit zu finden.

Hier sind einige der offensichtlichsten Auswirkungen von Beziehungsangst.

- **Es ist unmöglich, effektiv zu kommunizieren.** Wer unter Ängsten leidet, lässt all seine Unsicherheiten in die Beziehung einfließen, was zu Konflikten, Schuldzuweisungen und Groll führt.

- **Wer unter Angst leidet, neigt dazu, sein Unbehagen zu verändern oder zu verbergen.** Angst versteckt sich oft hinter scheinbar ruhigem Verhalten oder durch Formen der Abhängigkeit wie Glücksspiel, Alkohol und Rauchen.

- **Menschen, die unter Angstzuständen leiden, fühlen sich desinteressiert an dem, was um sie herum geschieht.**

  Eines der offensichtlichsten Anzeichen für das Auftreten von Angstzuständen ist der plötzliche Verlust des Interesses an Dingen, die früher Freude und Vergnügen bereitet haben. Auch die Arbeit wird oft zu einer Quelle von Stress und kann zu einem Motivationsverlust führen, der finanzielle Probleme und die Auflösung von Beziehungen zur Folge haben kann.

- **Angst beeinträchtigt die Intimsphäre.** Intimität wird nicht nur von zwei Körpern gegeben, die sich begegnen, sondern auch von zwei Seelen, die einander verstehen.

  Wenn der Geist derjenigen, die unter Angst leiden, damit beschäftigt ist, über mögliche Täuschungen und Betrügereien zu fantasieren, bleibt kein Raum für Verwöhnung und Zuneigungsbekundungen. Ein gutes intimes Verständnis ist eine Grundvoraussetzung für das Überleben eines Paares; scheitert es, ist jede Beziehung unweigerlich dem Ende geweiht.

ERKENNEN UND ÜBERWINDEN VON ÄNGSTEN

Eine gesunde Beziehung zeichnet sich durch Momente des Austauschs, des Zuhörens und des offenen Dialogs aus.

Das Mitteilen Ihrer Gefühle, Ängste und Wünsche ist der beste Weg, um Konflikte zu vermeiden und eine glückliche und dauerhafte Beziehung aufzubauen. Hier sind einige Tipps, mit denen Sie Ängste leicht bewältigen und Ihre Beziehung verbessern können:

Vertrauen Sie Ihrem Partner

Vertrauen ist der Schlüssel zum Herzen des Partners. Wenn Sie der Person an Ihrer Seite vertrauen, werden Sie nie an ihren Absichten zweifeln, Sie werden ihre Gesten und Worte nicht missverstehen und Sie werden nie vermuten, dass sie Sie anlügt oder etwas vor Ihnen verheimlicht.

Schmerzhafte Erfahrungen aus früheren Beziehungen können dazu führen, dass man den Glauben an die Möglichkeit verliert, in der Liebe glücklich zu sein. Der Partner wird unbewusst mit einer wichtigen Person aus der Vergangenheit verglichen, die Leid verursacht hat, und wird zum Objekt von Projektionen und Vorurteilen. Wenn Sie z. B. in der Vergangenheit unter Betrug gelitten haben, werden Sie befürchten, dass Ihr jetziger Partner Sie ebenfalls betrügen könnte.

Sie werden in Misstrauen leben, Sie werden die Person, die Sie lieben, zu Verhören und Eifersuchtsausbrüchen zwingen, bis Sie aufgrund ständiger Anschuldigungen und übermäßiger Kontrolle Ihre Beziehung zerrüttet sehen werden.

Bemühen Sie sich, Ihren Partner so zu sehen, wie er ist, und nicht so, wie Sie glauben oder wollen, dass er ist. Konzentrieren Sie sich auf das, was er für Sie tut, auf seine Gefühle, seine Wünsche und seine Ängste. Öffnen Sie Ihr Herz für Vertrauen. Ich weiß, dass das nicht leicht sein mag. Wenn sich die Angst in ihrer ganzen zerstörerischen Kraft manifestiert, ist es schwierig, sich nicht beeinflussen zu lassen.

Wenn es Ihnen schwerfällt, die Vergangenheit loszulassen und den Menschen um Sie herum zu vertrauen, sollten Sie einen Paartherapeuten aufsuchen oder einen Kurs zur Verbesserung Ihrer Beziehung besuchen.

Es ist ein Schritt-für-Schritt-geführter Weg, der es Ihnen durch gezielte Selbsthypnoseübungen und mentale Programmierung ermöglicht, sich von schmerzhaften Erinnerungen aus der Vergangenheit zu verabschieden und eine glückliche und dauerhafte Beziehung zu leben.

<u>Hören Sie auf Ihren Partner</u>

Einer der Sätze, die ich oft höre, lautet: "Mein Partner hört mir nicht zu".

Zuhören bedeutet, darauf zu achten, was der Partner sagt und vor allem, was er nicht sagt. Es bedeutet, zu erkennen, ob sein Tonfall besorgt ist, ob sein Körper Gefühle der Freude oder

der Traurigkeit ausdrückt, zu spüren, ob er in diesem Moment einen Rat braucht oder einfach nur willkommen geheißen werden möchte.

Die Fähigkeit, zuzuhören, ist nicht jedem gegeben, aber man kann sie entwickeln.

Um wirklich zuhören zu können, müssen Sie Ihr "Ich" beiseitelassen und sich ausschließlich auf das konzentrieren, was Ihr Partner Ihnen sagt.

Die dauerhaftesten Beziehungen sind die, in denen man sich gegenseitig zuhört.

Wer sich zugehört fühlt, fühlt sich auch geliebt. Und wer sich geliebt fühlt, tut alles, um seinen Partner glücklich zu machen und die Beziehung zu erhalten.

Keine Schuldzuweisung an den Partner

Es gibt Tage, an denen wir uns aufgrund von Nervosität, Müdigkeit oder Enttäuschung bei der Arbeit unter Druck fühlen und unbewusst jemanden suchen, an dem wir unsere Anspannung auslassen können. Wenn Sie solche Tage erleben, versuchen Sie, die Spannung mit ein wenig körperlicher Bewegung abzubauen und vermeiden Sie es, Ihre Frustration an Ihrem Partner auszulassen. Wenn Ihre Nervosität hingegen auf etwas zurückzuführen ist, das Ihr Partner gesagt oder getan hat, oder vielleicht auf das, was er nicht gesagt oder getan hat, dann fragen Sie sich, ob Sie Ihrem Partner klar mitgeteilt haben, was Sie von ihm erwarten oder was er sagen soll. In einer Zweierbeziehung liegt die Schuld immer bei beiden Partnern, und in 90 % der Fälle ist sie auf mangelnde Klarheit in der Kommunikation zurückzuführen.

Verbringen Sie mehr Zeit mit Ihrem Partner

Zeit ist das Kostbarste, was wir haben. Jemandem Zeit zu widmen bedeutet, seinen Wert und die Bedeutung seiner Anwesenheit in unserem Leben anzuerkennen. Tägliche Verpflichtungen, Arbeit, Studium und Freizeitaktivitäten nehmen oft unsere ganze Zeit in Anspruch, und am Ende des Tages sind wir zu müde, um den Menschen, die wir lieben, die richtige Aufmerksamkeit zu schenken.

Versuchen Sie, so viel Zeit wie möglich mit Ihrem Partner zu verbringen; das wird Ihre Beziehung verbessern und auch Ihnen guttun. Sie können beschließen, einen Tag in der Woche für gemeinsame Aktivitäten im Freien zu nutzen, allein oder mit Freunden auszugehen oder ein gemeinsames Projekt zu verwirklichen. Ich kenne Paare, die seit dreißig Jahren zusammenleben und sich immer noch lieben wie am ersten Tag. Ihr Geheimnis? Sie lieben es, Zeit miteinander zu verbringen.

ÜBUNGEN ZUR BEKÄMPFUNG DER ANGST

Angst verursacht sehr starke körperliche und emotionale Reaktionen, die in Momenten größter Intensität schwer zu bewältigen sind. Die Übungen, die ich in diesem Kapitel vorschlage, werden Ihnen helfen, mit Angstzuständen umzugehen und sie schnell zu überwinden, ohne Ihre Beziehung zu beschädigen und ohne Zeit und Energie mit negativen Gedanken und oft unbegründeten Ängsten zu verschwenden.

Übung zur Verwurzelung

Diese Übung hat sich als besonders nützlich in Zeiten von hohem Stress und Kontrollverlust erwiesen.

- Bevor Sie beginnen, atmen Sie fünf oder sechs Mal tief ein, ohne zu pressen. Atmen Sie die Luft durch die Nase ein und lassen Sie sie durch den Mund wieder ausströmen.

- Schauen Sie sich um, und konzentrieren Sie sich auf fünf Dinge, die Sie sehen. Beschreiben Sie sie gedanklich in allen Einzelheiten.

  Wenn Ihnen zum Beispiel ein Apfel auf dem Küchentisch aufgefallen ist, notieren Sie seine Merkmale: die Form, die Farbe der Schale und eventuelle Farbflecken.

- Atmen Sie noch fünfmal tief ein und achten Sie dabei auf die Luft, die durch die Nase ein- und durch den Mund ausgeht.

- Richten Sie nun Ihre Aufmerksamkeit auf vier Dinge, die Sie um sich herum spüren können. Welche Dinge sind das? Welches Geräusch machen sie? Ist es ein angenehmes Geräusch? Erzeugt es einen Nachhall? Analysieren Sie jedes Detail.

- Atmen Sie zweimal tief durch.

- Beachten Sie nun drei Dinge, die Sie anfassen können. Berühren Sie sie mit Ihren Fingern oder Füßen.

  Richten Sie Ihre Aufmerksamkeit auf die Empfindungen, die Sie empfangen, auf die Temperatur der Gegenstände Nehmen Sie jedes Detail wahr.

- Atmen Sie zweimal tief ein und aus.

- Versuchen Sie, die Gerüche um Sie herum wahrzunehmen.

  Riechen Sie einen Blumenduft? Den Geruch des Deodorants? Den Geruch von frisch gekochtem Essen? Ist es ein gutes Parfüm? Süß? Stechend? Versuchen Sie, zwei verschiedene Gerüche zu identifizieren und analysieren Sie sie im Detail.

- Atmen Sie tief ein und benennen Sie das Gefühl, das Sie empfinden.

Wenn Sie wissen, wie Sie Ihre Gefühle benennen können, können Sie mit jeder Emotion umgehen und die Kontrolle über sie übernehmen.

<u>**Übung zur Visualisierung**</u>

Nehmen Sie eine bequeme Position ein und beginnen Sie frei zu atmen, ohne sich zu zwingen.

- Atmen Sie langsam tiefer und tiefer. Atmen Sie durch die Nase ein und durch den Mund aus.

- Lassen Sie Ihrer Fantasie freien Lauf und erschaffen Sie ein Naturparadies. Es kann ein Ort sein, den Sie bereits kennen, oder ein neuer Ort, den Ihre Gedanken erschaffen. Es ist ein friedlicher, entspannender, wunderbarer Ort.

- Stellen Sie sich vor, wie Sie an diesem himmlischen Ort spazieren gehen. Spüren Sie das Gefühl der nackten Füße. Worauf ruhen Ihre Füße? Auf dem Gras? Auf dem Sand? Auf dem Wasser?

- Wo sind Sie genau? Schauen Sie sich jedes Detail genau an, nehmen Sie Gerüche, Geräusche, Farben wahr.

- Ist es sonnig? Ist die Luft frisch oder ist sie heiß? Konzentrieren Sie sich auf das Gefühl der Luft auf der Haut.

- Entspannen Sie sich an diesem fantastischen Ort und bleiben Sie dort, um die Schönheit zu genießen, die Sie umgibt. Es ist ein zeitloser Ort. Prägen Sie sich jedes Detail ein.

- Kehren Sie langsam in das Hier und Jetzt zurück und nehmen Sie das Gefühl des Friedens, das Sie erfahren haben, mit.

Ziehen Sie sich so oft wie möglich an diesen fantastischen Ort zurück, vor allem in Zeiten der Angst und abends vor dem Schlafengehen.

Diese Übung wird Ihnen helfen, Ihr emotionales Wohlbefinden zu verbessern und Ihr Selbstvertrauen zu stärken.

UNSICHERHEIT

Unsicherheit ist ein weiteres charakteristisches Element toxischer Beziehungen. Sie hat uralte Wurzeln, die mit der in der Kindheit erhaltenen Liebe und Aufmerksamkeit zu tun haben. Wer als Kind das Gefühl hatte, wenig Liebe erhalten zu haben, wer unter der körperlichen oder emotionalen Distanz eines oder beider Elternteile gelitten hat, wird im Erwachsenenalter unweigerlich emotional süchtig. Sie werden ständig körperlichen Kontakt und Aufmerksamkeit von ihrem Partner suchen, bis sie ihn mit ihren emotionalen Forderungen und Kontrollversuchen fast ersticken.

Niemand kann die Leere der Liebe eines emotional Süchtigen füllen. Die durch emotionale Abhängigkeit geschürte Unsicherheit kann nur durch einen geführten psychologischen Weg aufgelöst werden, der es Ihnen ermöglicht, alle "Nicht-Liebe"-Erfahrungen der Vergangenheit loszulassen und das Aufkeimen einer aufrichtigen und tiefen Liebe zu sich selbst zu begünstigen. Hier sind einige Tipps, wie Sie Unsicherheiten in Schach halten und Ihre Beziehung schützen können.

Befriedigen Sie immer Ihre Bedürfnisse

Im Leben eines Paares gibt es oft die Tendenz, die Bedürfnisse des anderen zu befriedigen und dabei die eigenen zu vernachlässigen.

Die Liebe zu uns selbst ist die Grundlage für die Liebe zu anderen. Wenn wir uns nicht genug um uns selbst kümmern, wenn wir nicht alles versuchen, um glücklich zu sein, wie können wir dann andere glücklich machen?

Wenn Sie sich nur um Ihren Partner kümmern und Ihre eigenen Bedürfnisse vernachlässigen, werden Sie am Ende Wut und Groll aufbauen. Sie erwarten von Ihrem Partner die gleiche Aufmerksamkeit, die Sie für ihn aufbringen, und wenn das nicht der Fall ist, beginnen Sie an seiner Liebe zu Ihnen zu zweifeln und werden unsicher.

Fragen Sie sich, ob Sie wirklich glücklich sind und was Ihnen noch fehlt, um glücklich zu sein, und arbeiten Sie dann hart daran, das zu erreichen, was Sie wollen. Versuchen Sie, mit Ihrem Partner zu sprechen und ihm aufrichtig alles zu sagen, was Sie sich für Ihre Beziehung wünschen.

Wenn Sie glücklich sind, wird auch Ihr Partner glücklich sein, und so wird auch Ihre Beziehung glücklich sein.

Die Polaritäten im Paar wieder ins Gleichgewicht bringen

In jeder Beziehung gibt es immer einen Partner, der mehr männliche Energie hat, und einen anderen, der dagegen mehr weibliche Energie hat, und das hat nichts mit dem Geschlecht der beiden Partner zu tun. Wenn beide Partner männliche oder weibliche Energie haben, wird die Beziehung mit Sicherheit von Konflikten und Meinungsverschiedenheiten geprägt sein. Damit die Beziehung funktioniert, müssen die beiden Polaritäten im Gleichgewicht sein.

Achten Sie darauf, welche Art von Energie Sie und Ihr Partner in die Beziehung einbringen. Wenn die Energie dieselbe ist, versuchen Sie sich daran zu erinnern, wie sie sich im Laufe der Zeit verändert hat, und lassen Sie sich inspirieren, um die Energieaspekte hervorzubringen, die Sie brauchen, um im Gleichgewicht und in Harmonie mit Ihrem Partner zu sein.

Verhalten Sie sich wie zu Beginn der Beziehung

Am Anfang einer jeden Beziehung ist der Wunsch, den geliebten Menschen neben sich zu haben, sehr stark. Wir wollen seine Stimme hören und brauchen seine Anwesenheit, wir suchen nach jeder Gelegenheit, Zeit miteinander zu verbringen, wir planen das nächste Date bis ins Detail. Mit der Zeit lässt die anfängliche Leidenschaft jedoch nach. Man gewöhnt sich an die Anwesenheit des Partners und hört auf, ihm zu gefallen.

Der Partner merkt, wenn das Engagement in der Beziehung nachlässt und er denkt, dass er nicht mehr geliebt wird oder dass die Anziehungskraft nachlässt. Die daraus resultierende Unsicherheit führt unweigerlich dazu, dass die Beziehung in eine Krise gerät.

Auch wenn Sie viel zu tun haben, versuchen Sie, Zeit zu finden, um die Leidenschaft wieder zu entfachen. Verhalten Sie sich wie zu Beginn der Beziehung, überraschen Sie Ihren Partner mit Liebesbotschaften, planen Sie gemeinsame

Aktivitäten. All dies wird den Zauber der ersten Tage wiederherstellen und Zweifel und Unsicherheiten vertreiben.

Erkennen Sie Ihren eigenen Wert

Eine unsichere Person neigt dazu zu glauben, dass sie weniger wert ist als andere. Sie denkt über alles nach, was sie an sich selbst nicht mag, was sie gerne ändern würde und was ihrer Meinung nach andere stören könnte.

Jeder Mensch hat seine eigenen unverwechselbaren Eigenschaften, die ihn einzigartig und besonders machen. Versuchen Sie, mit Liebe und Aufrichtigkeit in sich hineinzuschauen und die positiven Aspekte an sich selbst zu erfassen, die Sie zu dem schönen Menschen machen, der Sie sind. Es gibt keine besseren Menschen als andere, es gibt nur unterschiedliche Menschen. Derjenige, den Sie lieben, hat Sie so gewählt, wie Sie sind. Hören Sie auf, sich mit anderen zu vergleichen.

Stärken Sie Ihr Selbstwertgefühl

Unsicherheit führt dazu, dass man an sich selbst und an der Aufmerksamkeit der anderen zweifelt. Menschen mit geringem Selbstwertgefühl fällt es schwer, sich so geliebt und akzeptiert zu fühlen, wie sie sind und sie denken immer, dass sie die Liebe der anderen gewinnen und besser sein müssen.

Das Selbstwertgefühl entwickelt sich schon in jungen Jahren, durch gelebte Erfahrungen und gewachsene Beziehungen: vor allem die zu den Eltern. Wenn wir uns als Kinder geliebt, gehört und beachtet fühlten, werden wir dem Leben mutig und sicher begegnen, mit Menschen verkehren, die uns respektieren, und danach streben, einen herausragenden Platz in Beruf und Gesellschaft einzunehmen.

Wenn wir uns dagegen als Kinder vernachlässigt, nicht gesehen und nicht wertgeschätzt gefühlt haben, werden wir denken, dass wir der Liebe nicht würdig sind und dass wir anderen unterlegen sind, und es wird uns schwerfallen, an die Liebe zu glauben.

Trotz der Aufmerksamkeit unseres Partners werden wir immer das Gefühl haben, dass wir nicht genug sind, und wir werden in der Angst leben, dass eine andere Person, die besser ist als wir, uns das Objekt unserer Liebe wegnehmen könnte.

Ein geringes Selbstwertgefühl ist eine der häufigsten Ursachen für das Ende einer Beziehung.

Um zu lernen, Selbstwertgefühl zu haben, muss man einen psychologischen Weg einschlagen, der es ermöglicht, die Vergangenheit zu rekonstruieren und alle Momente des Selbstwertgefühls, die man seit der Kindheit erlebt und wahrgenommen hat, zu überarbeiten.

Ein gesundes Selbstwertgefühl ist die unabdingbare Voraussetzung für eine dauerhafte und glückliche Beziehung.

<u>Bewahren Sie Ihre Unabhängigkeit</u>

Zwei Menschen sollten sich aus freien Stücken für eine Beziehung entscheiden, nicht aus der Not heraus.

Wenn einer der Partner beim anderen Trost und Hilfe sucht, um seine persönlichen Probleme zu lösen und seine emotionale Leere zu füllen, wird das Ergebnis unweigerlich eine toxische Beziehung sein.

Die Bewahrung der Unabhängigkeit ist eines der Geheimnisse für den Erfolg jeder Beziehung.

Unabhängig zu sein bedeutet, dass man in der Lage ist, seine Bedürfnisse unabhängig zu befriedigen, sich auch ohne den Partner wohlzufühlen, Hobbys zu haben und Freude an Aktivitäten zu finden, die nicht die Anwesenheit des geliebten Menschen beinhalten.

Wer emotional unabhängig ist, ist in der Lage, friedliche Beziehungen zu leben - und aufzubauen -, weil er nicht auf das Empfangen, sondern auf das Teilen ausgerichtet ist. Das Teilen stärkt das Paar und sorgt für eine solide und dauerhafte Verbindung.

Die innere Stimme zum Schweigen bringen

Manche Menschen haben einen ausgeprägten Sinn für Selbstkritik, der sie daran hindert, die schönen Momente des Lebens zu genießen, insbesondere in der Paarbeziehung.

Die Selbstkritik wirkt in Ihnen durch eine lästige innere Stimme, die ständig Ihre Wertlosigkeit unterstreicht und Ihnen das Misstrauen gegenüber jeder Handlung anderer einflößt.

Die innere Stimme ist nichts anderes als die Verinnerlichung der Kritik und der Kommentare der Enttäuschung aus der

Kindheit. Unser "inneres Kind" speichert und bewacht eifersüchtig alles, was uns von unseren Eltern und den Personen, die uns wichtig sind, wie Großeltern und Lehrer, auf einer emotionalen Ebene gesagt wird.

Um die innere Stimme zum Schweigen zu bringen, probieren Sie eine einfache Übung aus, die ich in meinen Kursen oft vorschlage. Wenn Sie die kleine Stimme hören, bleiben Sie stehen, hören Sie ihr zu und notieren Sie, was sie sagt und wie sie es sagt. Schreiben Sie alles auf ein Blatt Papier und notieren Sie, wie Sie sich fühlen, indem Sie die folgenden Fragen genau beantworten:

- Wie fühlen Sie sich bei der inneren Stimme? Als ob Sie noch fünf wären? Oder vier? Sechs? Wie alt scheinen Sie zu sein?

- Fühlen Sie Wut? Furcht? Traurigkeit?

- Wie ist die Stimme? Ist sie männlich oder weiblich?

- Was glauben Sie, wer es ist? Ist es die Stimme des Vaters? Die der Mutter? Hört sie sich wie Ihre Stimme an?

- In welchem Ton spricht die kleine Stimme zu Ihnen? Ist sie wütend? Schimpft sie mit Ihnen? Ist sie süß? Welche Worte kommen immer wieder vor?

Nach dieser Übung wird es Ihnen leichtfallen, sich von der inneren Stimme zu distanzieren, und Sie werden in der Lage sein, rational zu analysieren, was sie Ihnen sagt und wie sie es sagt.

EIFERSUCHT

Eifersucht ist ein natürliches Gefühl, das, wenn es zur Verzweiflung gebracht wird, ernsthaften Schaden anrichten kann, nicht nur bei denen, die es erfahren, sondern auch bei denen, die davon betroffen sind.

Eine Prise Eifersucht im Paar ist gesund, sie gibt uns das Gefühl, gewollt und wichtig zu sein, sie lässt uns verstehen, wie sehr wir uns um unseren Partner sorgen.

Hier sind einige Beispiele, bei denen es üblich ist, ein wenig gesunde Eifersucht zu empfinden.

- Eine dritte Person flirtet mit Ihrem Partner.

- Die Person, die Sie lieben, flirtet mit anderen Menschen.

- Sie finden heraus, dass andere Menschen Informationen über die Person, die Sie lieben, wissen, die Ihnen nicht bekannt waren.

- Die Person, die Sie lieben, vernachlässigt Sie und widmet ihre Zeit anderen Menschen oder anderen Aktivitäten.

- Die Person, die Sie lieben, äußert sich in Ihrer Gegenwart über die Schönheit oder Sinnlichkeit einer anderen Person.

Manche Menschen finden es attraktiv, dass ihr Partner eifersüchtig ist; sie genießen es, diese Eifersucht zu provozieren und Zweifel und Verdächtigungen zu wecken.

Die Eifersucht des Partners gibt ihnen das Gefühl, erwünscht, begehrt und wichtig zu sein.

Eifersucht ist jedoch ein zweischneidiges Schwert. Einerseits kann sie als Ausdruck des Interesses des Partners verstanden werden, andererseits kann sie die Beziehung belasten.

Eifersucht, wenn sie krankhaft ist, hat nichts mit Verliebtheit zu tun, sondern mit einem in der Kindheit empfundenen Mangel an Liebe.

Extrem eifersüchtige Menschen haben in jungen Jahren Betrug erfahren.

Die Wunde des Betrugs entwickelt sich nämlich in den ersten Lebensjahren, im Allgemeinen vor dem dritten Lebensjahr. Kinder, die sich vom anderen Elternteil vernachlässigt gefühlt haben, weil der andere Ehepartner anwesend war oder ein Geschwisterchen kam, entwickeln im Laufe ihres Heranwachsens eine Persönlichkeit, die zur Kontrolle neigt.

Sie haben ständig Angst, die Liebe der Menschen zu verlieren, die sie lieben, und betrachten jeden und alles als möglichen Rivalen in der Liebe. Jedes Interesse des Partners, sei es an Menschen oder Dingen, wird als Betrug angesehen und kann zu Streitereien führen.

Pathologische Eifersucht ist in der Lage, jede Beziehung zu belasten. Für den Partner gibt es kein Entrinnen, selbst wenn er es irgendwie schafft, die Beziehung zu beenden. Die Nachrichtenberichte über Verbrechen aus Leidenschaft sind eine traurige Bestätigung dafür.

Wenn Sie eine romantische Beziehung mit einer eifersüchtigen Person führen, müssen Sie verstehen, dass Sie nicht für die Eifersucht Ihres Partners verantwortlich sind, es sei denn, Ihr Verhalten gibt wirklich Anlass zu Zweifeln und Verdächtigungen.

Um eine durch Eifersucht vergiftete Beziehung zu heilen, ist es notwendig, einen Therapeuten aufzusuchen, der dem eifersüchtigen Partner helfen kann, in sich selbst zu schauen, um die wahre Ursache der Eifersucht herauszufinden.

Wenn die Eifersucht nicht pathologisch ist, sondern einfach nur ein wenig übertrieben wird, kann es sinnvoll sein, auf eine effektive Kommunikation zurückzugreifen.

Effektive Kommunikation ist eine Art der Kommunikation, die auf dem Zuhören und Verstehen des Partners beruht. Indem Sie frei und aufrichtig darüber sprechen, was in der Beziehung nicht stimmt, was Unsicherheit vermittelt und was Sie sich wünschen, ist es möglich, einen Punkt der Begegnung zu erreichen.

Es geht nicht darum, Ihre Freiheit einzuschränken oder Kontrolle über Ihren Partner zu erlangen, sondern darum, Wege zu finden, wie Sie sich gemeinsam so verhalten können, dass Sie sich beide wohl fühlen, Streit vermeiden und gegenseitiges Vertrauen aufbauen.

Vertrauen ist, wie wir bereits gesagt haben, die Grundlage jeder menschlichen Beziehung. Wenn wir der Person neben uns nicht vertrauen, werden wir immer in Misstrauen, Drama und Schmerz leben.

Die sechs Merkmale der ungesunden Eifersucht

Oft wird der Ausdruck von ungesunder Eifersucht fälschlicherweise als Ausdruck von Liebe angesehen. Hier sind einige eindeutige Verhaltensweisen, die auf das Vorhandensein einer ungesunden Form von Eifersucht in der Partnerschaft hinweisen.

- Die Erwartung, die ganze Zeit mit dem Partner zu verbringen, und aggressiv werden, wenn dies nicht möglich ist.
- Die Chats und sozialen Profile des Partners überprüfen.
- Die Erwartung, zu entscheiden, mit welchen Leuten der Partner zusammen sein darf und welchen Aktivitäten er nachgehen kann.
- Ständig misstrauisch sein und den Partner zu langen Verhören zwingen, wenn er zu spät kommt.
- Besitzergreifend sein und den Partner als Eigentum betrachten.
- Wütend sein und zu Eifersuchtsausbrüchen neigen.

Wenn Ihnen auch nur eine dieser Verhaltensweisen bekannt vorkommt, ist Ihre Beziehung in großer Gefahr. Sie müssen sofort handeln. Denken Sie daran, dass wahre Liebe auf Freiheit, Vertrauen und Respekt basiert – nicht auf Kontrolle und Misstrauen. Wenn Sie bereit sind, sich diesen Herausforderungen zu stellen, können Sie nicht nur Ihre Beziehung, sondern auch Ihre eigene emotionale Balance wiederherstellen.

Tipps für eine gesunde Beziehung

Hier finden Sie einige nützliche Tipps, die Sie in die Praxis umsetzen können, um eine harmonische Paarbeziehung zu führen.

<u>Stellen Sie sich selbst infrage</u>

Wann immer Sie sich eifersüchtig fühlen, versuchen Sie, Ihre Gefühle zu analysieren.

- Haben Sie Schmerzen? Wut? Furcht?

- Was erregt Ihre Eifersucht? Ist es etwas, das Ihr Partner gesagt oder getan hat? Oder ist es nur eine Fantasie, was er sagen oder tun könnte?

- Denken Sie, dass das Verhalten Ihres Partners eindeutig verdächtig ist, oder haben Sie einfach Angst, dass es so ist?

Wenn Sie nach der ehrlichen Beantwortung der obigen Fragen der Meinung sind, dass das Verhalten Ihres Partners Ihre Eifersucht eindeutig provoziert hat, sprechen Sie das Problem an, indem Sie versuchen, Ihre Eindrücke und Meinungen über das Geschehene mitzuteilen. Denken Sie daran, Ihren Partner in einem ruhigen und hilfsbereiten Ton anzusprechen, ohne Anzeichen von verbaler Aggression oder Irritation zu zeigen, da dies eine Kommunikationsbarriere schaffen könnte, die nur schwer zu überwinden ist.

Nachdem Sie Ihre Gründe dargelegt haben, hören Sie sich aufmerksam an, was Ihr Partner zu sagen hat, und finden Sie gemeinsam eine Lösung, die für Sie beide akzeptabel ist.

Offen für den Dialog bleiben

Der schnellste Weg, Eifersuchtsprobleme zu lösen, ist, mit Ihrem Partner darüber zu sprechen. Indem Sie aufrichtig sagen, was Ihnen Angst macht, was Sie nicht mögen und was Sie von Ihrem Partner erwarten, können Sie Ihre Beziehung einen Schritt vorwärtsbringen und fester und stärker werden lassen. Angesichts Ihrer aufrichtigen Haltung und Ihrer Bitte um Hilfe wird Ihr Partner Ihnen gerne entgegenkommen und Ihnen helfen, alle Ihre Unsicherheiten zu überwinden. Wenn Sie aufgrund eines plötzlichen Eifersuchtsanfalls eine gewisse Heftigkeit im Sprechen an den Tag legen, entschuldigen Sie sich und versuchen Sie, Ihrem Partner klarzumachen, dass nicht er die Ursache für Ihre schlechte Laune ist, sondern einfach Ihre Angst, seine Liebe zu verlieren. Wenn Sie die Verantwortung für Ihre Gefühle übernehmen, helfen Sie Ihrem Partner, Ihr Drama nicht zu gewichten, und bringen ihn noch näher an Sie heran.

Gefühle des Vertrauens aufbauen

Vertrauen ist ein grundlegendes Gefühl für jeden Menschen. Es ist das Vertrauen, das uns dazu bringt, morgens das Haus zu verlassen, in der Gewissheit, dass wir heil nach Hause kommen. Ohne eine Prise Vertrauen könnte das Leben nicht gelebt werden. Liebesbeziehungen werden durch Vertrauen und Akzeptanz genährt. Einem geliebten Menschen zu vertrauen bedeutet, sicher zu sein, dass er uns nie verletzen wird, dass er uns liebt und alles tut, um uns glücklich zu machen.

Bevor Sie zulassen, dass Zweifel und Ungewissheit Ihre Beziehung ruinieren, fragen Sie sich, ob das, was Sie denken, nur ein Hirngespinst ist oder ob es auf einem begründeten Verdacht beruht. Wenn Sie in Angst leben, verpassen Sie die Möglichkeit, die Beziehung zu dem Menschen, den Sie lieben, und die gemeinsam verbrachten Momente, zu genießen. Vertrauen wird Tag für Tag aufgebaut. Es ist das Ergebnis einer bewussten Entscheidung, nicht der Emotion des Augenblicks. Versuchen Sie, so zuversichtlich wie möglich zu sein.

Bringen Sie Ihre Gedanken zu Papier

Die "Tagebuchtechnik" gilt seit jeher als äußerst wirksames Instrument zur distanzierten und analytischen Beobachtung der eigenen Gefühle. Das Aufschreiben unserer Gefühle auf einem Blatt Papier hilft uns, uns bewusst zu machen, was wir fühlen, was wir in unserem Leben gerne ändern würden und was uns wirklich stört.

Wenn Sie die Eifersucht packt, nehmen Sie Stift und Papier und schreiben Sie alles auf, was Sie denken und fühlen. Das wird Ihnen helfen, Ihre Wut zu besänftigen und sich auf das zu konzentrieren, was Sie wirklich beunruhigt, noch bevor Sie mit Ihrem Partner darüber sprechen. Es ist ratsam, ein Eifersuchtstagebuch zu führen, in dem Sie alle Episoden von Wut und Unsicherheit mit Datum, Uhrzeit und dem auslösenden Grund notieren können.

Diese einfache Übung wird Sie mit der Veränderung überraschen, die sie bei Ihnen und Ihrem Partner hervorrufen wird. Sehen heißt glauben.

<u>Die Vergangenheit loswerden</u>

Eifersucht ist oft auf frühere toxische Beziehungen zurückzuführen. Wenn Ihr Ex ein Lügner und Betrüger war, ist es nur natürlich, dass es Ihnen schwerfällt, Ihrem jetzigen Partner zu vertrauen. Sie werden immer wachsam sein, jede Bewegung und jeden Blick von ihm sorgfältig beobachten, um den kleinsten Hinweis auf eine Täuschung zu entdecken.

Um eine gesunde und glückliche Beziehung zu führen, müssen Sie die schmerzhaften Erinnerungen an die Vergangenheit loswerden. Es ist notwendig, allen Groll und alle Schuldgefühle loszulassen und das Geschehene als eine Erfahrung des Wachstums zu akzeptieren, die es Ihnen ermöglicht hat, die Person zu sein, die Sie sind, und die Person zu treffen, die jetzt an Ihrer Seite ist. Wir sind das Ergebnis der Erfahrungen, die wir machen. Hätten wir einen anderen Lebensweg eingeschlagen, wären wir sicherlich andere Menschen geworden.

Bemühen Sie sich, sich selbst die Unzulänglichkeiten zu verzeihen, die Sie in der Vergangenheit gehabt zu haben glauben, und öffnen Sie sich für die Möglichkeit, endlich glücklich in der Liebe zu sein. Es gibt einen Grund, warum Ihre frühere Beziehung endete. Es ist nicht wichtig, ihn zu kennen; Sie müssen nur wissen, dass das, was passiert ist, passieren musste und Sie nichts tun konnten, um es zu verhindern. Sie haben alles getan, was Sie konnten, in der Situation, in der Sie sich befanden, und mit dem Bewusstsein und dem Wissen, das Sie zu diesem Zeitpunkt hatten.

Der beste Weg, um nicht ständig an den Partner zu denken und daran, was er tut, ist, sich auf sich selbst zu konzentrieren.

Diejenigen, die unter Eifersucht leiden, neigen dazu, das Leben ihres Partners zu leben: Sie fragen sich ständig, wo der Partner ist, mit wem er zusammen ist und was er tut, warum er nicht angerufen hat und wann man ihn wiedersehen wird.

Wenn man seine Aufmerksamkeit ständig auf den Partner richtet, ist man gezwungen, in Erwartung zu leben. Die Zeit vergeht langsam, und Sie fragen sich, ob Ihr Partner wirklich tiefe Gefühle für Sie hegt oder ob er seinen Tag mit jemandem verbringt, der attraktiver und entgegenkommender ist.

Um zu vermeiden, dass Sie sich in den Fantasien über mögliche Täuschungen und Betrug verlieren, ist es wichtig, dass Sie sich Zeit für sich selbst und Ihre Leidenschaften nehmen.

Pflegen Sie Ihre Hobbys, gehen Sie ins Fitnessstudio, treffen Sie sich mit alten Freunden, gönnen Sie sich Momente der Entspannung. Versuchen Sie, eine gesunde emotionale Unabhängigkeit von Ihrem Partner zu bewahren. Diese Haltung verhindert nicht nur Eifersuchtsanfälle, sondern macht die Beziehung auch stabiler und interessanter.

EMOTIONALE ABHÄNGIGKEIT

Emotionale Abhängigkeit ist das unaufhaltsame Bedürfnis nach Liebe, das einen dazu treibt, jeden Kompromiss und jede Situation zu akzeptieren, um den geliebten Menschen nicht zu verlieren. Wer unter emotionaler Abhängigkeit leidet, sucht verzweifelt nach jemandem, der in der Lage ist, die Liebesleere zu füllen, die durch die physische oder emotionale Abwesenheit des Elternteils des anderen Geschlechts verursacht wurde.

Der emotional Abhängige lebt für den geliebten Menschen, der idealisiert und auf ein Podest gestellt wird. Schwächen werden heruntergespielt oder ignoriert, ebenso wie Unzulänglichkeiten und jegliches lieblose Verhalten. Der emotional Abhängige muss glauben, dass der Partner die richtige Person ist, die alle seine Bedürfnisse befriedigen und ihm die Liebe geben kann, die er unbedingt braucht.

Abhängige Menschen glauben an Liebe, die als totale Selbstverleugnung verstanden wird. Sie tun alles, um ihrem Partner zu gefallen und ihn zu verwöhnen, in der Hoffnung, dass er ihnen für immer erhalten bleibt. Sie nehmen die Schuld für jede ihrer nicht sehr liebevollen Gesten auf sich, für ihren möglichen Betrug und für jeden physischen oder psychischen Missbrauch.

Sie ertragen alles, sie verzeihen alles. Manchmal werden sie wütend, aber wenn der Partner zu gehen droht, beugen sie sich wieder seinem Willen, denn der Schmerz, der durch eine mögliche Trennung entstehen könnte, wäre unerträglich.

Das Bedürfnis nach Liebe treibt sie dazu, besitzergreifend zu sein: Sie verlangen ständig nach emotionaler Bestätigung, sie geraten in Panik, wenn ihr Partner nicht anruft oder sich verspätet; sie würden am liebsten die ganze Zeit in seiner Gesellschaft verbringen.

Diese übermäßige Anhänglichkeit erdrückt den Partner, der versucht, sich zu distanzieren, um mehr Freiraum zu gewinnen. Die Distanzierung des Partners wird vom Süchtigen jedoch als Vorspiel für eine mögliche Trennung interpretiert und macht ihn noch besitzergreifender und erdrückender.

Dieses abartige Spiel von Flucht und Verfolgung ruiniert schließlich die Beziehung. Der Partner beendet die Beziehung, und der emotional Abhängige ist gezwungen, das zu erleben, was er eigentlich vermeiden wollte: das Verlassenwerden.

Ironischerweise neigen abhängige Menschen dazu, sich an kalte und distanzierte Partner zu binden, die den Schmerz des emotionalen Verlassenwerdens immer wieder neu erleben. Aufgrund eines abartigen psychologischen Mechanismus, dem sogenannten "Wiederholungszwang", neigen wir alle dazu, dieselben Situationen, unter denen wir als Kinder gelitten haben, immer wieder zu erleben.

Aus diesem Grund neigen emotional Abhängige dazu, romantische Beziehungen mit kalten und narzisstischen Menschen einzugehen.

Um die emotionale Abhängigkeit aufzulösen, ist es notwendig die Erfahrungen der Vergangenheit, die die "Liebesleere" verursacht haben, zu identifizieren, sie loszulassen und das Unterbewusstsein neu zu programmieren. Es gibt jedoch einige Strategien, die Sie bereits jetzt anwenden können und die es Ihnen ermöglichen, emotional stärker und unabhängiger zu werden.

- **Schreiben Sie alle Dinge auf, die Sie für Ihren Partner tun und die Opferbereitschaft und Selbstverleugnung erfordern.**

  Süchtige Menschen sind so sehr damit beschäftigt, ihren Partnern zu gefallen, dass sie ihre eigenen Bedürfnisse vernachlässigen.

  Wenn Sie sich bewusst machen, wie oft Sie Ihre Bedürfnisse vernachlässigt haben, um die Ihres Partners zu befriedigen, werden Sie das Ungleichgewicht in Ihrer Beziehung bemerken.

- **Stärken Sie Ihr Selbstwertgefühl.**

  Fangen Sie an, Ihre körperliche Erscheinung und Ihre Eigenschaften zu verbessern. Tun Sie die Dinge, die Ihnen ein gutes Gefühl geben und die die besten Seiten von Ihnen zum Vorschein bringen.

- **Versuchen Sie, Aktivitäten ohne die Anwesenheit Ihres Partners zu genießen.**

  Suchen Sie sich ein Hobby, das es Ihnen ermöglicht, einige Zeit allein zu verbringen.

Machen Sie sich emotional so unabhängig wie möglich.

- **Schuldgefühle loswerden.**

Üben Sie sich täglich darin, "Nein" zu sagen zu allem, was Ihnen kein gutes Gefühl gibt und zu viel Mühe macht.

Verstehen Sie, dass Schuldgefühle nur ein Spiegelbild der Angst sind, vernachlässigt zu werden.

LERNEN, KONFLIKTE ZU BEWÄLTIGEN

Konflikte sind in einer Partnerschaft unvermeidlich. Wir streiten uns aus den unterschiedlichsten Gründen: um die Verwaltung der Finanzen, um Eifersucht, um die Erziehung der Kinder, um die Wahl eines Geräts, um Sex, um schlechte oder übermäßige Reinigung des Hauses.

Es ist normal, unterschiedliche Meinungen zu haben. Wenn zwei Erwachsene mit starken Persönlichkeiten versuchen, für ihre Ideen einzutreten, ist ein Konflikt unvermeidlich.

Viele Autoren behaupten, dass Momente des Konflikts, auch wenn sie sporadisch auftreten, ein Zeichen für die Gesundheit des Paares sind. Zwei Menschen, die sich streiten, tun dies, weil ihnen die Meinung des anderen wichtig ist und sie wollen, dass der Partner ihnen zustimmt. Wenn wir hingegen kein Interesse an unserem Gegenüber haben, haben wir nicht einmal das Bedürfnis zu streiten. Ob er mit uns übereinstimmt oder nicht, spielt keine Rolle. Wenn der Konflikt jedoch zum einzigen Mittel der Kommunikation in der Partnerschaft wird, ist er nicht mehr ein Zeichen von Gesundheit, sondern von Toxizität. Konflikte, insbesondere ungelöste, führen zu destruktiven Emotionen wie Groll und Verbitterung, die wiederum neue Konflikte schüren.

Der Schlüssel zu einer glücklichen Beziehung ist nicht die Abwesenheit von Streit, sondern das Wissen, wie man richtig streitet. Wenn Konflikte richtig ausgetragen werden, können sie konstruktiv sein und die Beziehung inniger und solider machen.

Im Folgenden finden Sie einige Tipps, wie Sie lernen können, mit Konflikten umzugehen und sie in eine Gelegenheit zum Wachstum für Sie und Ihr Paar zu verwandeln.

Mit Konflikten umgehen, statt sie zu meiden

In einer gesunden Beziehung werden Konflikte immer angesprochen, nie vermieden. Das Vermeiden von Konflikten verschließt das Paar in Schweigen und erzeugt Groll und harte Gefühle. Die Unterbrechung der Kommunikation mit dem Partner ist einer der größten Fehler, die es zu vermeiden gilt, denn sie führt schnell zum Ende der Beziehung. Schweigen schafft eine unsichtbare Mauer in der Partnerschaft und drängt beide Partner dazu, sich körperlich und emotional zu entfernen. Anstatt zu schmollen, sollten Sie versuchen, mit der Person, die Sie lieben, zu sprechen. Geben Sie ihr zu verstehen, dass Sie leiden und dass Sie eine Klärung der Situation oder des Ereignisses brauchen, das Sie belastet. Es könnte sinnvoll sein, gemeinsam den richtigen Zeitpunkt für ein Gespräch festzulegen, ohne durch das Klingeln des Telefons und die täglichen Pflichten unterbrochen zu werden.

Vereinbaren Sie einen Termin

Eine Verabredung mit Ihrem Partner ist eine unterhaltsame und wirksame Möglichkeit, in aller Ruhe zu besprechen, was zu Spannungen in der Partnerschaft führt.

Wenn Sie Zweifel haben oder sich über etwas ärgern, das Ihr Partner gesagt oder getan hat, nehmen Sie Ihren Terminkalender zur Hand und vereinbaren Sie einen Termin, an dem Sie sich dem Problem stellen und es lösen können. Die Strategie der klärenden Verabredung ist äußerst hilfreich, um jeden potenziellen Konflikt im Keim zu ersticken. Wenn Sie wissen, dass Sie eine bestimmte Zeit zur Verfügung haben, um das Problem zu klären und gemeinsam eine Lösung zu finden, können Sie perfekt vorbereitet zu dem Termin gehen.

Vermeiden Sie Anschuldigungen und beleidigende Kommentare

Einer der fatalen Fehler, den manche Paare häufig begehen, besteht darin, auf Anschuldigungen und beleidigende Kommentare zurückzugreifen, um dem Partner zu verstehen zu geben, wie respektlos und unangemessen sein Verhalten war. Als ich ein Kind war, wiederholte meine Großmutter oft: "Denk daran, Worte sind wie Steine, manche können wirklich wehtun".

Durch Worte kann man die Person, die man liebt, glücklich machen oder die Beziehung irreparabel schädigen. Achten Sie deshalb genau auf die Worte, die Sie benutzen.

Selbst wenn die Wut überhandnimmt, sollten Sie immer die Kontrolle über Ihre Worte behalten. Wenn Sie Ihren Partner beleidigen, bekommen Sie nicht Recht, sondern es entstehen irreparable Brüche in der Beziehung, die langfristig zum Ende der Beziehung führen werden.

Beleidigungen haben erwiesenermaßen einen höheren emotionalen Wert als freundliche Worte und bleiben in der Regel unauslöschlich im Gedächtnis. Ganz gleich, wie viele Komplimente wir im Laufe des Tages erhalten, wir neigen dazu, immer wieder über die einzige negative Bemerkung nachzudenken, die wir erhalten haben.

Das Bedürfnis, gewürdigt zu werden, ist eines der wichtigsten emotionalen Bedürfnisse. Wer sich wertgeschätzt fühlt, fühlt sich auch geliebt und gewollt.

Beleidigungen und Kränkungen schwächen das Gefühl, geliebt zu werden, und können bei Ihnen oder Ihrem Partner zu emotionaler Distanzierung und Ablehnung führen. Konzentrieren Sie sich beim Streiten nur auf die Fakten, ohne die Art und Weise des Partners zu kommentieren. Konzentrieren Sie sich nur auf die getroffenen Maßnahmen.

Zuhören, um den Standpunkt des anderen zu verstehen

Wenn Sie nicht zuhören, was Ihr Partner zu sagen hat, wie wollen Sie dann wirklich die Gründe verstehen, die ihn dazu veranlasst haben, so zu handeln, wie es Sie gestört hat?

In toxischen Beziehungen neigt man bei Konflikten dazu, sich gegenseitig anzuschreien, den anderen ständig zu unterbrechen und jedes einzelne Wort, das er sagt, zu bestreiten und zu kommentieren.

Die Kommunikation hat ganz bestimmte Regeln, die klar festlegen, in welchen Momenten man sprechen und in welchen man zuhören soll. Wenn Sie und Ihr Partner dem

Zuhören wenig Bedeutung beimessen, werden Sie nie wirklich kommunizieren können.

Wenn wir uns verletzt fühlen, neigen wir oft dazu, in die Defensive zu gehen. Wir betrachten denjenigen, der uns verletzt hat, als einen potenziellen Feind, vor dem wir uns schützen müssen.

Diese Art von Reaktion ist nichts anderes als ein ursprünglicher automatischer Mechanismus, der mit unserem Überlebensinstinkt verbunden ist.

Wenn Sie beginnen, Wut auf Ihren Partner zu empfinden, sollten Sie sich bemühen, Ihre Gefühle zu analysieren. Versuchen Sie, die Gründe zu verstehen, die den geliebten Menschen dazu gebracht haben, das zu tun, was Sie wütend gemacht hat. Glauben Sie wirklich, dass er oder sie das mit der Absicht getan hat, Ihnen zu schaden? Er weiß wahrscheinlich nicht einmal, dass er Sie verletzt hat.

Schließen Sie immer Frieden, bevor Sie schlafen gehen

Dies ist vielleicht der wertvollste Vorschlag von allen. Man sollte niemals, wirklich niemals, schlafen gehen, ohne vorher Frieden zu schließen!

Jeder Konflikt muss bewältigt und gelöst werden, bevor der Tag zu Ende geht, sonst wird er am nächsten Tag und am übernächsten Tag wieder auftauchen und immer größere Ausmaße annehmen.

Einer der offensichtlichsten Unterschiede zwischen Männern und Frauen ist die Art und Weise, wie sie mit Problemen und Konflikten umgehen.

Männer neigen dazu, sich dem Problem sofort zu stellen, manchmal sogar auf ungestüme Weise, und wenn sie merken, dass es unmöglich ist, in kurzer Zeit eine Lösung zu finden, beschließen sie, die Sache aufzuschieben und zu warten, bis sich die Dinge von selbst regeln. Frauen hingegen denken über das zu lösende Problem nach, analysieren es bis ins kleinste Detail, betrachten es aus allen Blickwinkeln und ruhen nicht, bis sie eine Lösung gefunden haben.

Wie spiegelt sich das alles in der Beziehung wider?

Während eines Streits unterbricht der männliche Partner irgendwann die Diskussion und verschiebt sie auf den nächsten Tag. Er geht zu Bett und schläft tief und fest, in der Überzeugung, dass die Nacht einen Ratschlag bringt, dass er und seine Partnerin am nächsten Tag entspannter sein werden und leicht eine Lösung finden können.

Für die Frau ist dieses Verhalten inakzeptabel, denn es wird ihr als geringe Aufmerksamkeit und geringes Interesse an ihr und der Beziehung ausgelegt.

Sie verbringt die ganze Nacht damit, über das Verhalten ihres Partners nachzudenken, über die Anwesenheit einer anderen Frau zu fantasieren und Strategien zur Eroberung oder Rache auszuarbeiten.

Manchmal zählt sie all die Dinge auf, die in der Beziehung falsch laufen, um die Kraft zu finden, sie zu beenden.

Am nächsten Morgen wacht der Mann lächelnd und ausgeruht auf, während die Frau auf dem Kriegspfad ist, bereit, die am Vortag unterbrochene Schlacht zu beenden. Versuchen Sie, so viel wie möglich wiedergutzumachen, bevor der Tag zu Ende ist. Wenn Sie keine Lösung finden können, planen Sie eine körperliche Aktivität oder etwas, das Ihnen Spaß macht. Das wird die Spannung abbauen und den Gefühlen freien Lauf lassen.

Sprechen Sie immer in der ersten Person

Beim Argumentieren hat das Pronomen "du" die gleiche Wirkung auf das Argument wie Benzin auf ein Feuer: Es lässt es aufflammen. Es gibt nichts Ärgerlicheres, als wiederholte Sätze zu hören wie: "Du hast gesagt" oder "Du hast getan". Während eines Konflikts wird die Verwendung von "du" als Instrument der Verurteilung und Missbilligung interpretiert und wahrgenommen. Es ist, als ob alle Fehler bei der anderen Person lägen, die sich dadurch herabgesetzt, nicht verstanden und verachtet fühlt.

Wenn Sie wollen, dass Ihre Kommunikation klar ist und Sie wirklich wollen, dass Ihr Partner Ihren Standpunkt versteht, versuchen Sie, nicht das Pronomen "du" zu verwenden. Verwenden Sie das Pronomen "ich". Wenn Sie anfangen, über sich selbst zu sprechen, darüber, was Sie fühlen, was Sie denken, was Sie von Ihrem Partner erwarten und wie Sie sein Verhalten interpretieren, bereiten Sie die Person, die Sie lieben, auf den Dialog und das Zuhören vor.

Sie müssen sich nicht mehr gegen Angriffe und Beschimpfungen wehren, die immer auf das Pronomen "du" folgen, und Ihr Partner wird sich ausschließlich auf Sie und das konzentrieren, was Sie verletzt hat.

Tun Sie so, als wären Sie Ihr Partner

Der Rollentausch ist eine der am häufigsten verwendeten Techniken in der Paartherapie; ich selbst verwende sie häufig bei meinen Klienten, wenn ich auf einer tiefen Ebene die Wunden heilen möchte, die ihnen von Menschen zugefügt wurden, die für sie emotional bedeutsam sind. Sich in die Lage der anderen Person zu versetzen, ist eine sehr nützliche Strategie für persönliches Wachstum, solange der Rollenwechsel aufrichtig und bewusst erfolgt, ohne dass wir unsere Gedanken und Gefühle der anderen Person zuschreiben.

Wenn Sie das Gefühl haben, dass die Diskussion sich dem Ende zuneigt und eine unangenehme Wendung zu nehmen droht, schlagen Sie Ihrem Partner vor, das Spiel des Rollentauschs zu spielen. Bereiten Sie einige Blätter Papier vor, auf denen Ihre Namen stehen, und legen Sie sie auf den Boden des Raumes, an die Stelle, die Ihnen am besten gefällt, möglichst mit dem Gesicht zueinander. Atmen Sie tief ein und stellen Sie sich auf das Blatt, auf dem der Name des Partners steht.

Tun Sie abwechselnd so, als wären Sie der Partner und sagen Sie, wie Sie sich fühlen und was Sie von dem Verhalten des anderen halten. Anfangs werden Sie vielleicht Bemerkungen und Anschuldigungen hören, die Ihnen nicht gefallen; das ist normal, Sie stehen noch unter dem Einfluss der Wut.

Diese erste Geschichte ist jedoch äußerst wichtig, denn sie lässt Sie verstehen, wie Ihr Partner Ihr Verhalten wahrnimmt. Wiederholen Sie dann die Übung, wobei Sie sich diesmal auf das konzentrieren, was Sie gerne hätten, und auf die Gründe, die Sie dazu gebracht haben, sich so zu verhalten, dass der Streit ausgelöst wurde.

Nachdem Sie Ihre Gefühle offengelegt haben, sind Sie bereit, Frieden zu schließen und die richtigen Strategien anzuwenden, um Ihre Beziehung friedlicher und dauerhafter zu gestalten.

Dankbarkeit zeigen

Bedanken Sie sich am Ende jeder Konfrontation, vor allem wenn sie konstruktiv war, bei Ihrem Partner für seine Anwesenheit und dafür, dass Sie Ihr Unbehagen zum Ausdruck bringen konnten.

Sie könnten zum Beispiel sagen: "Danke, dass du mir zugehört und meinen Standpunkt verstanden hast. Das bedeutet mir sehr viel", "Ich bin froh, dich an meiner Seite zu haben; Diskussionen mit dir sind auch ein Moment des Wachstums".

Geben Sie Ihrem Partner das Gefühl, dass seine Anwesenheit in Ihrem Leben wichtig ist, schätzen Sie seine Bemühungen, die Beziehung aufrechtzuerhalten, schätzen Sie seine Sichtweise der Dinge.

Wenn Sie jeden konfliktreichen Moment mit Worten und Gesten der Dankbarkeit abschließen, verwandeln Sie jede Konfrontation in einen Moment des Wachstums und ermöglichen es Ihrer Beziehung, sich weiterzuentwickeln und immer fester zu werden.

WENN KONFLIKTE DEN FINANZIELLEN BEREICH BETREFFEN

Konflikte aus finanziellen Gründen sind eine der Ursachen, die zur Scheidung führen. Man streitet sich über die Rechnungen, über die Aktivitäten der Kinder, über persönliche Ausgaben.

Wie kann man eine Lösung finden, die es ermöglicht, die Beziehung zu retten und die Finanzen auf faire und gemeinsame Weise zu verwalten?

Hier sind einige hilfreiche Tipps.

<u>Gemeinsam Prioritäten festlegen</u>

Wenn das Familienbudget niedrig ist oder nur ein Ehepartner ein Gehalt bezieht, ist es am besten, Prioritäten zu setzen, um die monatlichen Ausgaben zu bewältigen.

Die Ehegatten sollten gemeinsam entscheiden, welchen dringenden Ausgaben sie mehr Bedeutung beimessen. Einer der Partner könnte nämlich eine Ausgabe als absolut zweitrangig betrachten, die für den anderen eine Priorität darstellt.

Nachdem die Prioritätenliste erstellt wurde, muss der Anteil beider Partner an den Familienausgaben festgelegt werden. Sie können sich für eine gerechte Beteiligung an den

Ausgaben entscheiden, indem Sie den Partner, der weniger verdient, entsprechend seinen Möglichkeiten an den Ausgaben beteiligen, oder, wenn das Einkommen gleich hoch ist, können die Partner beschließen, den gleichen Geldbetrag für die Familienausgaben bereitzustellen.

Ein gemeinsames Konto einrichten

Wenn die Verwaltung des Geldes zu einem Grund für ständige Meinungsverschiedenheiten in der Ehe wird, ist es sinnvoll, ein gemeinsames Konto einzurichten, das ausschließlich für die Ausgaben der Familie verwendet wird. Auf diese Weise ist es einfacher, die Ausgaben zu überwachen und Streitigkeiten zu vermeiden. Sie und Ihr Partner können weiterhin getrennte persönliche Konten für persönliche Ausgaben haben, die das Familienbudget in keiner Weise beeinträchtigen.

Einrichtung eines Fonds für Reisen und Freizeit

Das Leben als Paar besteht nicht nur aus Pflichten, sondern auch aus Vergnügen. Die täglichen Ausgaben, der Unterhalt für die Kinder, Rechnungen und persönliche Kredite lassen es oft nicht zu, angenehme und erholsame Familienaktivitäten zu planen.

Um die Beziehung zu stärken und das emotionale Wohlbefinden der Familie zu steigern, kann es sinnvoll sein, die Sparschweintechnik anzuwenden, die darin besteht, jeden Monat einen kleinen Geldbetrag beiseitezulegen, der ausschließlich für Reisen oder für einige Ihrer Lieblingsaktivitäten wie Restaurant-, Kino- oder Wellnessbesuche verwendet wird.

Das Einrichten eines solchen Fonds ermöglicht es dem Paar, regelmäßig gemeinsam Zeit zu verbringen und dem Alltag zu entfliehen. Dabei geht es nicht nur um das Geld, sondern vielmehr um die bewusste Entscheidung, in die Beziehung zu investieren. Gemeinsame Erlebnisse schaffen positive Erinnerungen, die das Band zwischen den Partnern stärken und den Stress des Alltags abbauen können.

Es ist wichtig, dass beide Partner sich über die Verwendung dieses Fonds einig sind und gemeinsam entscheiden, wie und wann das Geld ausgegeben wird. Dies fördert die Zusammenarbeit und sorgt dafür, dass beide Partner sich in den Planungen wiederfinden. Auch kleinere Ausflüge oder Aktivitäten können einen großen Effekt auf das Wohlbefinden der Beziehung haben.

Zusätzlich kann das Sparen für gemeinsame Erlebnisse die Vorfreude steigern und als Motivation dienen, sich regelmäßig auf etwas Schönes zu freuen. Selbst in Zeiten, in denen finanzielle Mittel begrenzt sind, zeigt diese Technik, dass es nicht unbedingt teure Reisen sein müssen – oft reicht es schon, sich bewusst Zeit füreinander zu nehmen, um die Beziehung zu vertiefen. Indem Sie das gemeinsame Wohl in den Vordergrund stellen, sorgen Sie dafür, dass nicht nur finanzielle, sondern auch emotionale Reserven aufgebaut werden, die die Beziehung über Jahre hinweg bereichern und stärken können.

DIE SIEBEN FEHLER, DIE JEDE BEZIEHUNG ZERSTÖREN

Jeder Konflikt kann gelöst werden, wenn in dem Paar Liebe, Respekt und der Wunsch, zusammen zu sein, vorherrschen. Manchmal kann jedoch einer der Partner Fehler machen, die verhindern, dass der entstandene emotionale Riss repariert wird. Hier sind einige der häufigsten und gefährlichsten Fehler, die Sie unbedingt vermeiden sollten.

Sturheit

Stur zu sein bedeutet, kompromisslos und unflexibel zu sein und nicht bereit, zuzuhören. Ein sturer Partner wird den Standpunkt des anderen kaum in Betracht ziehen, wird dazu neigen, jede Entscheidung auf sich selbst zu konzentrieren, und es wird ihm schwerfallen, seine Meinung zu ändern oder neu anzufangen.

Sturheit ist eine der Folgen, zu denen die existenzielle Wunde der Ungerechtigkeit führt, eine der Fünf Wunden, die wir alle als Kinder erfahren. Sture Menschen müssen alles unter Kontrolle haben, sie lieben Ordnung und Perfektion und haben Schwierigkeiten, sich lieben zu lassen. Sie sind oft kalt und unnahbar und müssen immer über sich hinauswachsen. Perfekt zu sein bedeutet für sie, respektiert zu werden und daher Liebe zu bekommen.

Diese Sturheit kann für ein Paar äußerst schädlich sein, denn sie führt zu Konflikten, wenn beide Partner starke

Persönlichkeiten sind, und zu nachtragender Unterwerfung, wenn einer der beiden Partner eine unterwürfige Haltung einnimmt. In beiden Fällen ist es unwahrscheinlich, dass die Beziehung auf Dauer Bestand hat.

Untreue

Untreue ist eine der Hauptursachen für das Ende einer Liebesbeziehung. Diejenigen, die betrogen wurden, sind wahrscheinlich nicht in der Lage, zu verzeihen und die Beziehung fortzusetzen.

Untreue ist etwas, das über den eigentlichen physischen Akt hinausgeht, denn sie hat mit einer ganzen Reihe von emotionalen Reaktionen zu tun, die mit dem Vertrauen und dem Schmerz über den erlittenen Betrug zu tun haben. Diejenigen, die betrogen wurden, betrachten die Geste des Partners als eine Verleugnung ihres Wertes und ihrer Präsenz innerhalb der Partnerschaft.

Sie fühlen sich in ihrer körperlichen Schönheit und ihren persönlichen Qualitäten herabgesetzt und minderwertig gegenüber der dritten Person, die in die Beziehung eintrat und dem Partner die Liebe stahl.

Es ist äußerst schwierig, eine Beziehung zu retten, in der einer der Partner betrogen wurde. Selbst wenn der Betrug nur gelegentlich geschah und der Betrogene tausendmal mit Gesten und Worten um Verzeihung gebeten hat, wird die Beziehung nie wieder dieselbe sein.

Vielleicht werden sie aus der Not heraus oder wegen der Kinder zusammenbleiben, aber die Wunden, die durch das erlittene Unrecht entstanden sind, werden immer offen bleiben und Anlass zu Vorwürfen, Zweifeln und Diskussionen geben.

Mangel an Aufmerksamkeit und Zärtlichkeit

In einem gesunden Paar bemühen sich beide Partner, Zeit für gemeinsame Aktivitäten zu finden und Spaß miteinander zu haben. Sie streicheln sich, küssen sich, halten Händchen, sehen sich liebevoll an und machen sich gegenseitig Komplimente. Wenn es in einer Beziehung an Zärtlichkeit mangelt, verwandelt sich die Beziehung in eine Aneinanderreihung von Verpflichtungen und Erfüllungen, und es kommt leicht zu Meinungsverschiedenheiten über das Zeitmanagement und die täglichen Verpflichtungen.

Wenn einer der Partner gefühlskalt ist oder seine Gefühle nicht mit Gesten der Zuneigung ausdrücken möchte, entwickelt der andere Gefühle der Traurigkeit und Einsamkeit, die ihn dazu bringen, Liebe und Aufmerksamkeit außerhalb der Beziehung zu suchen.

Vergleiche anstellen

Den Partner mit einer Person aus der Vergangenheit zu vergleichen, ist eine gefährliche Handlung und kann jede Beziehung untergraben. Vergleiche zu ziehen ist nie gesund. Sie könnten zum Beispiel feststellen, dass Ihr ehemaliger Partner andere Qualitäten hatte als Ihr jetziger Partner, der vielleicht besser zu Ihnen passt, und dies könnte in Ihnen unbewusst eine anspruchsvolle und wenig tolerante Haltung gegenüber der Person, die Sie lieben, hervorrufen, sodass Sie sich unsicher fühlen und Ihren Erwartungen nicht gerecht werden.

Bemühen Sie sich, jeden Aspekt Ihres Partners zu würdigen, indem Sie versuchen, seine Einzigartigkeit zu schätzen, die besondere Art, wie er mit Ihnen umgeht und Ihnen seine Zuneigung zeigt.

Zu viel Zeit mit sozialen Medien verbringen

Obwohl die sozialen Kanäle die Menschen zusammenbringen sollen, bewirken sie in Wirklichkeit das Gegenteil: Sie trennen sie. Wie oft sieht man in Restaurants Paare, die sich unterhalten oder die Profile von Freunden und Bekannten anschauen, anstatt den Abend zu genießen, sich mit dem Partner zu unterhalten und ihm in die Augen zu sehen. Zu viel Zeit mit dem Surfen in sozialen Medien zu verbringen, schafft nicht nur eine Kommunikationsbarriere innerhalb des Paares, sondern setzt beide Partner der Gefahr aus, sich von den falschen Lichtern des virtuellen Lebens anderer blenden zu lassen.

Der Gedanke, dass andere ein besseres Leben als das eigene haben, kann auch dazu führen, dass einer der Partner ein Gefühl des Versagens und der Frustration, über die im beruflichen und relationalen Bereich erzielten Ergebnisse empfindet, was zu einer allmählichen und gefährlichen Trennung von der Paarbeziehung führt.

Sich mit den Fehlern der Vergangenheit befassen

Wenn Sie eine lange und glückliche Beziehung führen wollen, sollten Sie sich nicht mit den Fehlern der Vergangenheit herumschlagen. Jeder kann Fehler machen; wichtig ist, dass man denselben Fehler nicht zweimal wiederholt. Wenn Sie nicht über die gemachten Fehler nachdenken, um sicherzustellen, dass sie sich in Zukunft nicht wiederholen, sondern sich an sie erinnern und Ihrem Partner ständig die Schuld für seine Unzulänglichkeiten geben, schaffen Sie eine toxische und kurzfristige Beziehung.

Kontrolle des Partners

Paradoxerweise ist die Kontrolle des Partners der schnellste Weg, ihn zum Weglaufen zu bewegen. Es gibt viele Gründe, die einen Partner dazu bringen, den anderen zu kontrollieren: Eifersucht, Angst vor dem Verlassenwerden, Angst vor der Einsamkeit. Was auch immer die Motivation ist, die Wirkung ist immer die gleiche: die Entfremdung des geliebten Menschen. Wer sich kontrolliert fühlt, verspürt unweigerlich das Bedürfnis, sich zu befreien, mehr Freiraum zu haben, sich so weit wie möglich von seinem Kontrolleur zu entfernen. In dem Bemühen den Partner um jeden Preis in der Nähe zu halten, verlieren wir ihn schließlich und bringen ihn dazu, zu lügen und zu betrügen.

WIE MAN KONFLIKTE VERMEIDEN UND DIE BEZIEHUNG INTIMER GESTALTEN KANN

Intimität entsteht mit der Zeit, durch Dialog, Austausch, gemeinsame Erfahrungen und eine gute Portion Ironie. Paare, in denen die Partner einander vertrauen, sich auf ihre Entscheidungen verlassen und gerne Zeit miteinander verbringen, sind erfolgreiche Paare. Vertrauen und ein Gefühl der Sicherheit nähren und festigen die Intimität des Paares.

Wenn man sich auf seinen Partner verlassen kann, wenn man sich seiner Liebe und seiner Anwesenheit sicher ist, ist es unmöglich, Momente des Konflikts zu erleben. Der Konflikt wird nämlich durch die Angst verursacht, nicht akzeptiert zu werden und den geliebten Menschen zu verlieren. Es ist die Angst, die manche Menschen dazu bringt, die Absichten ihres Partners misszuverstehen, an seiner Liebe und Treue zu zweifeln, sich zu verteidigen oder zu versuchen, die Kontrolle zu übernehmen. Hier sind einige Tipps, um Ihre Beziehung zu stärken und die Intimität des Paares zu verbessern.

Den Partner kennen

Es kommt oft vor, dass wir glauben, eine Person zu kennen, nur um dann Aspekte an ihr zu entdecken, von denen wir nicht wussten, dass sie existieren. Dies geschieht, weil wir ganz natürlich dazu neigen, auf andere Menschen Aspekte zu projizieren, die eigentlich unsere eigenen sind, oder Eigenschaften, die wir gerne hätten, dass sie sie besitzen.

Wenn wir jemanden mögen, vor allem zu Beginn einer Beziehung, neigen wir dazu, alle seine Stärken hervorzuheben und die Aspekte, die wir am wenigsten mögen, zu minimieren oder zu verleugnen. Wir versuchen, den anderen in irgendeiner Weise in den perfekten Partner für uns zu verwandeln, aus Angst, dass das, was uns unterscheidet, uns trennen könnte. Mit der Zeit fangen wir an, Seiten der Persönlichkeit unseres Partners zu sehen, die wir versucht haben, nicht zu sehen, oder die uns egal waren, und da beginnen die ersten Probleme zu entstehen. Die unangenehmen Aspekte des Partners, die wir anfangs ignoriert haben, werden zu einer Ursache für Meinungsverschiedenheiten.

Jemanden wirklich zu lieben bedeutet, ihn in seiner Gesamtheit zu lieben und auch das zu akzeptieren, was uns nicht so gut gefällt. Wir können den Partner nicht ändern und müssen es auch nicht versuchen. So wie wir geliebt und akzeptiert werden wollen, wie wir sind, mit unseren kleinen Unvollkommenheiten, mit unseren Qualitäten und unseren Schwächen, so müssen wir auch unseren Partner lieben. Machen Sie es sich zum Ziel, herauszufinden, wer Ihr Partner wirklich ist. Lernen Sie, seine Reaktionen und Verhaltensweisen zu beobachten, ohne zu urteilen, indem Sie sich einfach in einen Zustand des liebevollen und neugierigen Zuhörens versetzen. Sie werden feststellen, dass die Person, die Sie lieben, viel schöner und interessanter ist, als Sie dachten.

Einander vertrauen

Vertrauen ist die Grundlage jeder menschlichen Beziehung. Wenn wir jemandem nicht vertrauen, bleiben wir auf der Strecke, wir bleiben defensiv und wir halten ihn fern. Eine Liebesbeziehung muss unbedingt auf Vertrauen beruhen. Zu wissen, dass man auf seinen Partner zählen kann, wenn man krank ist oder etwas braucht, wenn man eine Schulter zum Ausweinen sucht oder wenn man Unterstützung und Trost braucht, bevor man ein neues Projekt in Angriff nimmt, ist etwas Wunderbares. Ich habe oft Frauen getroffen, die ihren Partnern nicht vertrauten, und ihr Leid war unermesslich. Ihre Beziehung war geprägt von ständigen Anschuldigungen, heftigen Auseinandersetzungen und ständigen Konflikten.

Vertrauen ist etwas, das man entweder hat oder nicht hat. Es stimmt, dass frühere Erfahrungen dazu führen können, dass man wenig Vertrauen in andere hat, aber es stimmt auch, dass man, wenn die Person, die man liebt, einem Liebe und Unterstützung zeigt, unweigerlich ein tiefes und umfassendes Gefühl des Vertrauens empfindet.

Steigerung der Intimität

Wenn wir von Intimität sprechen, denken wir in den meisten Fällen sofort an körperliche Intimität und nicht an die der Seele.

Wahre Intimität ist die emotionale Intimität, die Intimität, bei der wir uns bei unserem Partner sicher fühlen, die uns das Gefühl gibt, verstanden, akzeptiert und geliebt zu werden, so wie wir sind. Ohne emotionale Intimität kann es keine körperliche Intimität geben. Wenn Sie Ihrem Partner nicht vertrauen, wenn Sie sich in der Beziehung nicht glücklich und sicher fühlen, werden Sie kaum in der Lage sein, befriedigende körperliche Intimität zu erleben.

Verbringen Sie so viel Zeit wie möglich mit Ihrem Partner, finden Sie gemeinsame Aktivitäten, die Spaß machen. Je mehr Dinge Sie zusammen unternehmen, je mehr Dinge Sie gemeinsam haben, über die Sie sprechen können, desto größer ist die Intimität.

Beziehen Sie Ihren Partner in Ihr Leben ein

Es gibt Paare, bei denen die verbale Kommunikation fehlt oder fast nicht vorhanden ist. Die Partner wahren ein hohes Maß an Vertraulichkeit in Bezug auf ihre täglichen Aktivitäten und ihre Projekte. Die Aufrechterhaltung einer konstanten täglichen Kommunikation ist eines der Geheimnisse, um Ihren Partner zu Ihrem Verbündeten zu machen. Das emotionale Bündnis ist ein sehr starkes Bindemittel, das selbst Paare zusammenhält, die unterschiedliche Interessen pflegen oder räumlich weit voneinander entfernt sind.

Wenn Sie Ihrem Partner von Ihrem Tag erzählen und ihn nach Neuigkeiten fragen, können Sie das Verständnis stärken und der Beziehung Stabilität verleihen. Dem Partner mitzuteilen, was wir erleben und fühlen, ist der einfachste Weg,

Komplizenschaft zu schaffen und jede Form von Konflikt zu vermeiden.

Gemeinsam etwas planen

Etwas gemeinsam zu planen, ist eine fantastische Möglichkeit, die Beziehung des Paares zu festigen, die Harmonie und das Gefühl der Komplizenschaft zu stärken. Es ist egal, für welches Projekt Sie sich entscheiden, wichtig ist nur, dass Sie es gemeinsam durchführen. Das kann das Streichen von Wänden sein, Freiwilligenarbeit, das Erlernen einer Fremdsprache oder der Besuch eines Tanzkurses.

Alles, was Sie und Ihr Partner gemeinsam tun, lässt Sie eine noch innigere und tiefere Bindung aufbauen, steigert die Freude am gemeinsamen Spaß und stärkt das sexuelle Verständnis.

Liebe mit Gesten und Worten manifestieren

Liebe ist ein Gefühl, das durch Blicke, Gesten und Worte zum Ausdruck gebracht werden muss.

Unausgesprochene Liebe ist eine Liebe, die keine Früchte trägt. Sie können Ihren Partner wahnsinnig lieben, aber wenn Sie es ihm nicht sagen und es ihm nicht mit Gesten und Aufmerksamkeit zeigen, bleibt es nur ein Gefühl von Ihnen, ohne die Person zu erreichen, die Sie lieben.

WIE MAN DIE PAARBEZIEHUNG MIT HYPNOSE VERBESSERN KANN

Beziehungen sind nie einfach. Damit eine Beziehung funktioniert, reicht es nicht aus, verliebt zu sein, sondern es braucht viel Engagement und die Fähigkeit zuzuhören.

Sehr oft ist es trotz aller Bemühungen nicht möglich, eine gesunde und glückliche Beziehung zu führen. Ein Konflikt ist immer vorprogrammiert: ein böses Wort, ein Versehen oder eine unbedachte Geste reichen aus, um einen heftigen Streit auszulösen und die Beziehung in Gefahr zu bringen.

Wir lesen Bücher, haben gute Vorsätze, aber dann wiederholt sich alles. Es ist, als gäbe es einen inneren Mechanismus, der jeden Partner dazu zwingt, auf eine bestimmte Weise zu reagieren und immer die gleichen Handlungen auszuführen.

Dieser innere Mechanismus existiert tatsächlich und wird durch das Unterbewusstsein erzeugt.

Frühere Erfahrungen, vor allem aus der Kindheit, sind in unserem Unterbewusstsein gespeichert und führen zu sich wiederholenden Verhaltensmustern, die immer dann eingesetzt werden, wenn wir uns in ähnlichen Situationen wie in der Vergangenheit befinden.

Unsere Reaktionen hängen von den Wunden ab, die wir als Kinder erlitten haben. Die Worte, die wir hören, und die Situationen, die wir erleben, wirken als "Aktivatoren". Sie bringen uns dazu, uns an den Schmerz zu erinnern, den wir in der Vergangenheit erlebt haben, und lassen uns auf dieselbe Weise reagieren. Aus diesem Grund können die Reaktionen des Partners manchmal übertrieben erscheinen. Die Hypnose kann in diesem Fall sehr nützlich sein, um die Traumata und Leiden der Vergangenheit, die unserem Bewusstsein verborgen sind, ans Licht zu bringen.

Um uns vor dem Schmerz zu schützen, den wir in der Vergangenheit erlebt haben, zwingt unser Unterbewusstsein uns, automatische Verhaltensweisen anzunehmen, die dazu führen, bestimmte Situationen entweder zu vermeiden oder nachzustellen. Wenn Sie zum Beispiel in Ihrer Kindheit unbeweglich und stumm geblieben sind, wenn Ihr Vater oder Ihre Mutter mit Ihnen geschimpft haben, werden Sie bei jedem Streit mit Ihrem Partner die gleiche Reaktion zeigen: Sie werden unbeweglich bleiben und kein Wort sagen. Der Partner wird Ihre Reaktion als ein Zeichen von Desinteresse und Nachlässigkeit interpretieren, und das wird seine Wut noch mehr steigern. Alles, was eine Beziehung toxisch macht, ist auf die schmerzhaften Erfahrungen der Vergangenheit zurückzuführen, die das Paar extrem sensibel für bestimmte Themen, bestimmte Situationen und eine bestimmte Art von Sprache machen. Um wirklich glücklich in der Liebe zu sein, ist es daher notwendig, einige Hypnotherapiesitzungen in Anspruch zu nehmen. Eifersucht, Unsicherheit, emotionale Abhängigkeit, mangelnde Fähigkeit, Zuneigung zu zeigen, sind auf Kindheitserfahrungen zurückzuführen und können nur mithilfe von Hypnose wirklich gelöst werden.

Bevor man sich als Paar auf einen therapeutischen Weg begibt, ist es immer gut, einen Zyklus von Einzelsitzungen durchzuführen.

Wenn Sie sich entscheiden, die Hilfe eines Fachmanns im Bereich der Beziehungshilfe in Anspruch zu nehmen, denken Sie immer daran, inneres Zuhören zu üben. Versuchen Sie wahrzunehmen, was Sie für den Therapeuten empfinden - merken Sie, ob Sie ein Gefühl des Friedens oder des Unbehagens verspüren. Wenn Sie der von Ihnen gewählten Fachkraft nicht vertrauen, werden Sie keine Ergebnisse erzielen, ganz gleich, wie gut oder vorbereitet die Person ist, die Ihnen helfen soll.

Ergebnisse, die dank Hypnose erzielt werden können

Hypnosesitzungen können, wenn sie von erfahrenen Fachleuten durchgeführt werden, nicht nur Ihre Beziehung, sondern auch Ihr Leben selbst radikal verändern.

Hypnose ermöglicht es, Traumata der Vergangenheit zu beseitigen, das Selbstwertgefühl und das Gefühl der Selbstwirksamkeit zu verbessern und sich von jeder Form der Sucht zu verabschieden, die Probleme in der Beziehung und im Privatleben verursacht, wie z. B. die Sucht nach Alkohol, Rauchen, Drogen, Sex und Glücksspiel.

Dank der Einzel- und Paarsitzungen können Sie lernen, die gleiche Sprache der Liebe wie Ihr Partner zu erkennen und zu verwenden, was Ihnen ermöglicht, Konflikte zu vermeiden und Ihrer Beziehung Stabilität und Langlebigkeit zu verleihen.

Es gibt Menschen, die sich nur geliebt fühlen, wenn sie freundliche Worte und Ermutigung erhalten, Menschen, die die Liebe ihres Partners nur durch körperlichen Kontakt wahrnehmen, Menschen, die gerne Geschenke erhalten, und Menschen, die die Hilfe, die sie zu Hause oder bei der Ausführung einer Aufgabe erhalten, zu schätzen wissen.

Es ist absolut notwendig zu lernen, die Sprache der Liebe des Partners zu erkennen, wenn wir wollen, dass die manifestierte Liebe wahrgenommen wird und ihre Wirkung entfaltet.

Egal, wie sehr Sie und Ihr Partner sich lieben, Sie müssen lernen, Ihre Liebe in der Sprache des anderen zu vermitteln. Nur so kann die gegebene Liebe empfangen werden und ihre Früchte tragen.

SICH SELBST VERBESSERN, UM DIE BEZIEHUNG ZU VERBESSERN

Eine der einfachsten Möglichkeiten, Ihre Beziehung zu verbessern, besteht darin, sich um sich selbst zu kümmern. Man kann einen anderen Menschen nicht wirklich lieben, wenn man keine gesunde, aufrichtige und tiefe Liebe zu sich selbst hat. Sich selbst zu lieben bedeutet, sich Zeit für seine Leidenschaften, seine persönliche Pflege, seine Freunde, seine körperliche Aktivität, sein Studium und alles, was sein Leben und sein psychophysisches Wohlbefinden verbessern kann, zu nehmen. Es bedeutet, nachsichtig mit sich selbst zu sein, sich keine Vorwürfe zu machen, wenn etwas nicht in Ordnung ist, sich selbst zu verzeihen und seine Freiräume zu respektieren.

Wenn Sie sich selbst lieben, respektieren und Zärtlichkeit und Mitgefühl für sich selbst empfinden, werden Sie in der Lage sein, die gleichen Gefühle auch für Ihren Partner zu empfinden. Sie werden seinen Raum und seine Denkweise respektieren, Sie werden ihn nicht beschuldigen und sich über seine Erfolge freuen. Das Geheimnis, verständnisvoll und freundlich zu anderen zu sein, besteht darin, zuerst freundlich zu uns selbst zu sein. Wer glücklich ist, freut sich über das Glück der anderen.

Um glücklich zu sein, muss man lernen zu vertrauen, in der Gewissheit zu leben, dass man geliebt und geschätzt wird, insbesondere von seinem Partner. Wer unter Unsicherheit, geringem Selbstwertgefühl, Verlassenheit, Angst und Furcht vor Einsamkeit leidet, wird kaum in der Lage sein, eine glückliche und friedliche Beziehung zu führen. Ihre persönlichen Probleme werden sich negativ auf die Beziehung des Paares auswirken und zu Konflikten und Trennungen führen. Mangelndes Vertrauen schürt Misstrauen, Zweifel, Ängste und Befürchtungen. Alles, was der Partner tut oder sagt, wird analysiert und genutzt, um in den Köpfen der Betroffenen imaginäre Szenarien von Betrug, Täuschung, Gefahr und dem Ende der Beziehung zu konstruieren.

Wenn es Ihnen schwer fällt zu erkennen, was Sie an der Liebe Ihres Partners zweifeln lässt und Ihre Beziehung sabotiert, wenden Sie sich an einen professionellen Paartherapeuten, der Ihnen helfen kann, sich selbst zu ergründen und die Erinnerungen an die Vergangenheit loszulassen, die Sie daran hindern, in der Liebe glücklich zu sein. Sich der inneren psychologischen Mechanismen bewusst zu sein, die Sie dazu bringen, auf eine bestimmte Art und Weise zu handeln und zu reagieren, und die die Gesundheit Ihrer Beziehung gefährden, ist entscheidend, um die notwendigen Veränderungen vornehmen zu können. Hier sind einige hilfreiche Tipps, die Ihnen dabei helfen, Ihre Gefühle und Reaktionen zu analysieren und in den Griff zu bekommen.

Beobachten Sie, was Sie fühlen

Wenn Sie Wut, Angst oder Eifersucht empfinden, betrachten Sie Ihre Gefühle mit Abstand. Richten Sie Ihre Aufmerksamkeit auf die körperlichen Reaktionen Ihres

Körpers: Schweiß, Zittern, Magenkrämpfe, Anspannung des Kiefers.

Versuchen Sie sich zu erinnern, wann Sie das letzte Mal ähnliche Empfindungen hatten. Was war geschehen? Was hat diese Gefühle bei Ihnen ausgelöst?

Nachdem Sie das Ereignis aus der Vergangenheit identifiziert haben, versuchen Sie, eine Verbindung zur gegenwärtigen Situation herzustellen: Hat sich Ihr Partner wie die Person aus der Vergangenheit verhalten? Und wie?

Beobachten Sie Ihre Gedanken mit Losgelöstheit

Was sind Ihre Gedanken? Ihre Ängste? Ihre Wünsche?

Wie hätten Sie sich den Verlauf der Dinge gewünscht?

Was hätten Sie gewollt, dass Ihr Partner tut oder nicht tut?

Was hätten Sie gewollt, dass er sagt?

Beruhigen Sie Ihre Emotionen

Bevor Sie Ihren Partner konfrontieren, atmen Sie fünf oder sechs Mal tief durch, um die Emotionen zu beruhigen.

Ich empfehle Ihnen die Zwerchfellatmung, die Sie schon nach wenigen Sekunden wieder ruhig werden lässt.

Nehmen Sie eine bequeme Position ein, legen Sie Ihre Hände auf den Bauch und atmen Sie ein, indem Sie den Bauch aufblähen, Sie sollten spüren, wie sich der Bauch unter Ihren Händen hebt. Atmen Sie vier Sekunden lang ein, halten Sie den Atem zwei Sekunden lang an, und atmen Sie vier Sekunden lang aus.

Sie können die Zwerchfellatmung so oft anwenden, wie Sie wollen; Ihr Körper und Ihr Geist werden davon profitieren. Wenden Sie die Zwerchfellatmung auch an, wenn Sie sich müde, unruhig oder ängstlich fühlen. Sie werden überrascht sein, wie effektiv sie ist und wie lange sie anhält.

Klar und deutlich kommunizieren, das Pronomen "ich" verwenden

Nachdem Sie beobachtet und verstanden haben, was Sie fühlen und denken, und nachdem Sie die Emotionen besänftigt haben, beginnen Sie ein ruhiges Gespräch mit Ihrem Partner.

Vermeiden Sie es so weit wie möglich, das Pronomen "Du" zu verwenden und mit dem Finger auf Ihren Partner zu zeigen. Sprechen Sie über sich selbst, darüber, wie Sie sich durch sein Verhalten fühlen, was Sie sich wünschen und wovor Sie Angst haben. Richten Sie die Aufmerksamkeit immer auf sich selbst.

Konzentrieren Sie sich auf das, was Sie mit Ihrem Partner verbindet

Während eines Streits konzentrieren wir uns in der Regel auf alles, was in der Beziehung nicht stimmt, was uns stört und was wir nicht akzeptieren können. Wir neigen dazu, den Partner als Feind zu betrachten, als einen Gegner, gegen den man sich verteidigen und den man gewinnen muss.

Wut, Angst und Groll sind sehr starke Emotionen, die auf dem Höhepunkt ihrer Ausprägung alle Qualitäten des Partners vergessen lassen, in den man sich verliebt hat und die einen antreiben, die Beziehung aufrechtzuerhalten.

Wenn Sie sich über etwas an Ihrem Partner beschweren, schalten Sie emotional um und versuchen Sie, im Geiste alle Dinge aufzulisten, die Sie an ihm mögen.

SCHLUSSFOLGERUNG

Jeder erlebt von Zeit zu Zeit Momente des Konflikts in seiner Beziehung. Stress im Beruf, wirtschaftliche Schwierigkeiten, familiäre und soziale Verpflichtungen können zu Spannungen zwischen den Partnern führen.

Wenn das Paar gesund ist, braucht es nur sehr wenig, um Frieden zu schließen und zum ursprünglichen Gleichgewicht zurückzukehren. Tritt der Konflikt hingegen im Rahmen einer toxischen Beziehung auf, ist das physische und psychische Wohlbefinden eines oder beider Partner ernsthaft gefährdet.

Toxische Beziehungen erkennt man an den schädlichen Auswirkungen, die sie auf die Partner haben, in der Regel auf einen von ihnen: den Partner, der missbraucht wird.

Man kann sich körperlich verletzen, indem man Gegenstände wirft, Hilfsmittel benutzt oder den Partner angreift. Man kann sich selbst emotional verletzen, indem man dem Partner gegenüber Worte der Verachtung und respektloses Verhalten an den Tag legt. Man kann sich auch psychisch verletzen, indem man manipulative Ausdrücke und Verhaltensweisen verwendet, die darauf abzielen, das Selbstwertgefühl, das Selbstvertrauen und das Urteilsvermögen des misshandelten Partners zu beschädigen. Unabhängig von der Art des Verhaltens hat eine toxische Beziehung die Macht, alle Energien derjenigen zu absorbieren, die gezwungen sind, sie zu leben. Man fühlt sich ständig müde, kraftlos, traurig und apathisch. Man verliert das Interesse an Freunden, an der Arbeit und an sich selbst.

Man lebt jeden Tag in Angst und Sorge, dass irgendetwas eine gewalttätige Reaktion des Partners auslösen könnte. Sie fühlen sich gefangen und wissen keinen Ausweg mehr. Sie fühlen sich mit Ihrem Partner schlecht und Sie fühlen sich auch ohne Ihren Partner schlecht.

Toxische Beziehungen können nur durch einen gezielten therapeutischen Weg und den Willen beider Partner geheilt werden. Wenn Sie das Gefühl haben, dass Ihre Beziehung wertvoll ist und es die Mühe wert ist, sie zu retten und zu erhalten, müssen Sie sich auf eine Veränderung einstellen. Sie können nicht erwarten, dass Sie andere Ergebnisse erzielen, wenn Sie immer dieselben Maßnahmen durchführen. Wenn Sie Ihre Beziehung verbessern wollen, müssen Sie zunächst Ihr Wesen und Ihre Sicht der Dinge ändern.

Begeben Sie sich auf einen Weg des persönlichen Wachstums, ändern Sie Ihre Verhaltensmuster, beginnen Sie, Ihre Räume, Ihre Würde und Ihre Person zu verteidigen.

Liebesbeziehungen sind heikel und komplex. Damit sie funktionieren, ist es notwendig, dass die Partner auf konstante, synergetische und ergänzende Weise miteinander kommunizieren. Jeder Partner muss sich verpflichten, die Beziehungsmodalitäten des anderen anzuerkennen und zu respektieren sowie seine Sprache der Liebe, seine Sehnsüchte und Ängste zu verstehen. Die Partner müssen die Verantwortung für ihr Handeln übernehmen, ohne dem anderen die Schuld für ihre eigenen Unsicherheiten und unerfüllten Bedürfnisse zu geben.

Konflikte entstehen oft aus der Wahrnehmung, nicht genug Liebe zu erhalten, weil die Kommunikation fehlt, die Raum für Missverständnisse und Zweifel lässt.

Wenn die Liebe als gegenseitiges Geschenk gelebt wird, wenn man dankbar ist für das, was man hat, und für die Anwesenheit des Partners in seinem Leben, kann kein Konflikt die Beziehung gefährden.